KB267450

도(道)로 번뇌를 씻다

가브엘 김세창

엘사벳 임남호 공저

도(道)로 번뇌를 씻다

가브엘 김세창

엘사벳 임남호 공저

생각나눔

본, 내용은 이상적 차원으로 봐야 하는 글이므로 마음을 돌려 한 차원은 내려놓고, 또 한 차원은 높이 올려놓고 마음의 눈으로 본다면 인생의 근본을 알게 되고 또 자신의 생명을 발견하게 되면서 미처 알지 못했던 몸과 마음의 갈등과 온갖 실패와 병의 원인을 발견하게 됩니다. 사람들은 그 삶의 길을 모르고 의문의 인생을 살다가 때가 다가오면 세상을 이별하게 됩니다. 알지 못하고 살아온 각자 본인의 일생을 알게 될 수도 있는 글이므로 좋은 깨달음을 발견하시고 행복하시기를 기원합니다. 인생들에 주어진 길은 두 길이라고 합니다. 행복의 길과 고난의 길, 그 두 길 중에 하나를 선택하면 그 길에 따라 그 사람의 길함과 흉함이 나타나게 됩니다. 각기 본인이 살아가는 무언의 두 길 중에서 하나를 선택하지 못하면 가치 없이 살다가 어둡고 고통스러운 삶으로 이어지게 됩니다. 많은 인생이 세상을 살아가고 있지만 정해진 길이 없이 강변에서 자라는 갈대와 같이 바람에 흔들리며 살아가고 있다고 합니다. 후반에 기록된 내용들은 일상생활 속에서 몸소 겪는 가치와 무가치를 알게 하는 설명들입니다. 사람은 자신의 생활 속에서 행복과 불행을 경험하게 됩니다. 무엇을 알리려고 쓴 글인지 자세히 살펴본다면 좋은 면으로 본인의 마음에 새로운 변화를 불러올 수도 있습니다. 미사여구로 쓴 글이 아닌 어린아이의 미약한 마음으로 쓴 글과 같은 모양새이므로 잘 살펴보신다면 그 사람에게 주어진 삶은 좋은 날이 돌아올 수도 있다고 생각합니다.

이어지는 글이 매끄럽지 못한 것은 문자에 대한 부족한 지식으로 말미암아 쓴 글이므로 보시는 독자분들께 양해를 구합니다. 다만 이 글의 내용만 마음으로 확인하고 터득한다면 정함 없는 삶과 몸의 병에 대한 원인을 알게 되면서 마음의 평안함을 느끼게 됩니다. 이 글은 정해진 육신 시대를 잘 살피며 행복하게 살다가 계약이 끝나면 또 다른 시대로 돌아가 편안히 지낼 수 있는 안내의 글입니다.

CONTENTS

"

생 각

"

나야나는 나를 알고 이 세상에 태어났다고 생각하고 또 나를 모르고 이 세상을 살다가 떠나간다고 생각하게 됩니다.

나를 알고 태어났다고 생각하는 것은 모르고 태어났고, 모르고 태어난 나야나는 다음으로 떠나는 곳을 알고 가야 합니다. 모르고 태어난 나야나가 또 모르는 인생으로 살다가 마감한다면 평생을 무가치하게 살아온 나야나가 되는 것입니다. 사람을 진리의 빛에 비추어본다면 나야나를 모르고 살아온 자들은 대학을 가기 위해서 오래도록 공부한 학생이 대학입시 시험에서 빵점 처리가 된 셈이 됩니다, 그러므로 다시 처음부터 시작해야 합니다.

생명의 법은 사람에게 심어진 영혼이라는 무색의 생명이 몸을 입고 일생을 사는 동안에 자기를 발견하지 못하면 다시금 취약한 곳에서부터 고난의 길을 걷게 됩니다. 그러므로 종교가 존재하게 된 것입니다.

사람의 생각은 언제인가부터 무언가를 잡으려는 욕망이 솟구친다고 합니다. 나야나는 그 솟구치는 욕망을 성취하려고 밤과 낮으로 고민하며 살아가게 된다고 합니다. 그 고민이 병의 근원이 된다고 합니다.

나야나는 한편은 접어놓고, 저 높은 하늘과 저 넓은 바다를 바라보면 나야나는 한 알의 작은 돌가루보다도 작다는 것을 알게 됩니다. 나야나는 무지로 똑똑한 체하는 자가 아닌가 생각해 봐야 합니다. 나야나는 생명의 무지를 벗어나려면 내 인생의 원인을 찾아 정도(正道)의 길을 가야 합니다. 나야나는 의문의 인생을 알고자 하는 마음을 갖고 원인을 찾아 다시금 본인의 인생을 돌아봐야 합니다. 나야나는 의문의 존재라는 것을 깨닫고 그 의문을 풀어야 합니다. 각기 본인의 생명을 모르고 또 잃어버리고 살아가고 있습니다. 그 악연이 자신을 괴롭히는 병이 되어 함께 살아가게 됩니다.

그러므로 자신의 원인을 찾아 나서야 합니다. 세상의 종교도 신앙도 믿음도 의문으로 진행하고 있습니다. 정도(正道)의 길에 대한 답은 오늘날까지 뚜렷하게 드러나지 않고 의문과 병으로 진행하고 있습니다. 그러나 그 사실을 인식하지 못하고 각자 본인의 방식대로 생활하고 있는 것입니다. 그러므로 고민을 해봐야 합니다.

알고 갈 길
(진남(眞男)과 진여(眞如)의 행복!)

　이 글은 일상생활 속에서 어떤 사람들에게 그 마음으로 지고 가는 보따리가 있다면 그 보따리 속에 담겨있는 행복과 소망과 고통과 번뇌들을 모 경전의 말씀을 기준으로 하여 좋은 길로 새롭게 변화되는 이상을 함축적으로 풀어 쓴 내용들입니다.

　그곳을 모 경전의 말씀에 비쳐 본다면 그 형체들이 모두 비유로 기록이 되어있습니다. 왜냐하면 모든 사람은 눈으로 볼 수 없는 진리의 영으로부터 조성되어 태어난 존재들이기 때문입니다.

　그러나 사람을 조성하신 지존님의 뜻에 비춰 본다면 비유가 아니라 실전으로 그렇게 진행하고 있습니다.

　아무나 이 소책자를 자세히 읽어 보신다면 불가능이 가능하게 될 수도 있다고 봅니다. 불가능이 가능하게 된 자들이 있기 때문입니다. 모든 사람은 모 경전의 진리 말씀으로 설계되어 창조되었다고 합니다. 사람은 행복하고 건강하게 오래도록 살기를 바라는 소망을 갖고 인생을 살고 있지만 그러나 그렇게 되기가 어렵다고 합니다. 개인적 정도(正道)의 눈으로 본다면 참다운 소망은 반드시 이루어지는 길이 사람에게 주어져 있지만 잘 모르고 살고 있는 것입니다. 사람이 살아가는 생활환경에서 행복을 느끼는 사람도 있을 것이고 많은 근심으로 살아가는 사람도 있겠지만, 사람을 가장 고통스럽게 하는 악연은 각가지 실패와 육체의 장애와 온갖 병이라고 합니다. 병이라는 악연을 창조주의 섭리에 비추어보게 되면 육체라는 존재와 동반자라고 합니다. 그 병이라는 동반자가 마음을 고통스럽게 하는 이유는 단 인생이라는 존재가 살아가는 고난의 길을 가르쳐주는 꿈의 선생이라고 합니다.

필자는 사람을 창조하신 지존의 뜻을 발견한 자 중의 한 사람입니다. 그러므로 그의 뜻을 피조물인 같은 동지들에게 알리기 위해서 붓을 들게 된 것입니다.

인생이 백 년을 넘게 살았다 해도 창조주의 뜻에 비추어보면 잠시 잠이든 비몽사몽의 시대라고 합니다.

그 삶 속에 사람을 만들어 놓은 조물의 정도(正道)를 영접하고 이루어야 그 비몽사몽의 시대를 벗어나 영원히 평안하고 행복한 삶을 이루게 된다고 합니다. 그러나 사람들은 그 나름대로 또 그 형편대로 지식이 많고 능력이 있고 고집이 세서 자기 생활방식만을 사수하려고 인생의 일부를 투자하며 살다가 성공하지 못하고 의문으로 마감하게 됩니다. 혹 그런대로 잘 되었다고 한 사람과 실패한 사람과 그 삶의 과정은 정해진 운명을 피할 길은 없다고 합니다. 다만 성공한 사람은 실패 본 사람보다 좀 더 여유 있는 생활을 했을 뿐이지 마지막은 일반적으로 슬픔과 고통으로 끝을 맺는다고 합니다. 이 글의 취지는 만물의 영장이라고 일컫는 사람은 반드시 각인에게 주어진 생명에 대한 화두를 이루어야 자신의 존엄성을 바로 알고 행복하게 살아갈 수가 있다는 의미에서 필자의 아는 바를 조금이나마 나누고자 하는 심정으로 쓴 글입니다. 이 글을 보시는 분들은 세밀하게 관찰하여 심도 있게 정독한다면 참 좋은 결과를 낳게 될 것입니다.

사람을 만들어 내신 주인의 뜻에 비추어보게 되면 모든 인생이 세상에 태어나 배운 지식과 자신을 위한 생각으로 판단하며 살아가기 때문에 창조주께서 가르치시는 정도(正道)는 마음에 새겨지지를 않는 성품이라고 합니다.

다만 어떤 사람들이 말로만 들어온 의문의 이름을 높이 세워놓고 그 이름을 믿으면 복을 받는다고 가르치는 세상이 되었다고 합니다. 종교적으로 사람의 손으로 만든 성전이라고 하는 건물을 거룩하고 화려하고 웅장하게 꾸며놓고 그곳에서 전하는 어떤 사람의 말씀을 그곳에 모인 사람들이 듣기는 하지만 마음에 양식이 되지 못하고 바로 잃어버리게 된다고 합니다. 그러므로 그곳에서 전하는 말씀들이 사람들의 마음에 새겨져 변화 받지 못하는 이유는 영적으로 죽은 말씀이기 때문이라고 합니다.

사람은 자신의 생명에 대한 원인의 길을 알고 사는 것이 본분이라고 합니다. 그 사실을 필자가 알고 있기 때문에 서로가 알고 인생을 살아가는 것이 좋으리라 생각하고 아울러 쓴 글입니다.

신앙이 그 믿음이 이루어지면 각기 자신을 만드신 조물주로부터 세상 복을 받는 것이 아니라 생명의 신비한 진리의 말씀을 받게 됩니다. 그렇다고 세상의 복은 없다는 뜻이 아닙니다. 육신 생활의 복은 몸으로 노력할 때 창조주의 도움을 받게 되고 영혼의 복은 진실한 믿음으로 기도할 때 받게 됩니다.

사람이 살아가는 생활은 거의가 자신을 지으신 조물주의 은혜로 살아가게 됩니다. 그러나 그 은혜는 생각 밖에 두고 사람의 지식과 그 생각대로 판단하며 왕이 된 것처럼 살아간다고 합니다.

인생은 모두 자기를 창조하신 주인의 뜻을 떠난 왕들이 되었다고 합니다. 그러므로 생명에 병이 들어 괴로워도 왕이 되었기 때문에 고침을 받을 곳이 없다고 합니다.

그러나 생명이 심겨 있는 육체는 치료받을 곳이 많다고 합니다.

그 몸의 병이 치료가 되었다 해도 잠시뿐이라고 합니다.

영혼이라는 생명이 입고 있는 육체는 유한한 존재이기 때문에 믿을 수가 없다고 합니다. 왜냐하면 언제 어느 때에 고통을 안기며 종식을 하기 때문이라고 합니다. 그 몸 안에 심어진 영혼에 대한 원인을 깨달아야 영원한 행복을 누리며 가치 있게 한 시대를 보낼 수가 있다고 합니다.

이 문장 중에 OOO이라고 표시한 기호는 각기 본인의 영혼을 발견하고 그 존엄을 깨달은 자들에게 낙원을 이루어가는 창조의 비밀인 말씀입니다. 이 글을 보시는 분들에게 양해를 구합니다.

" 건강과 행복! "

 사람들에게 심어진 영혼이라는 생명이 건강해야 행복을 누리게 됩니다. 자기 영혼을 소홀히 여기는 자는 실패와 고통이 이어지게 됩니다. 사람과 만물을 창조하신 절대 주인님의 뜻만 알고 거슬리지 않고 살아간다면 근심과 걱정 없이 주어진 수명대로 행복하게 무사히 오래도록 살아가게 된다고 합니다.

 그리고 마지막 날에 좋은 곳을 창조주로부터 상으로 받게 됩니다.

 필자는 오랜 신앙생활 과정에서 관심을 두고 정독하던 어떤 경전의 기록된 진리의 말씀으로부터 비침을 받고 그 말씀들을 터득하게 된 것입니다. 바로 성경이라는 책입니다. 그 책에 기록된 생명의 말씀에 관한 비유의 뜻을 풀어 사람들에게 알게 하려고 미약하지만 아울러 이 글을 쓰게 되었습니다. 세상에는 종교도 많고 신앙인도 많다고 봅니다. 그러나 많은 사람들이 자기 목적을 이루지 못하고 살다가 종식하게 됩니다. 종교에서 가르치는 말씀들이 믿는 자들의 마음에 변화되어 오래도록 행복하게 유지하도록 가르쳐 주지 못하는 이유는 경전에 기록된 비유의 말씀들을 올바로 해석하여 가르쳐 주지 못하기 때문이라고 합니다. 예를 들자면 불교에서 가르쳐주는 말씀들이 부처님의 말씀이라면 불교인들은 모두가 해탈하여 극락을 이루며 행복하게 살아갈 것이고, 기독교의 말씀들이 예수님의 가르침이라면 그들도 모두 거듭나거나 부활이 되어 영원히 행복하게 살아갈 것입니다. 그러나 불교인이 해탈하지 못하는 이유와 기독교인들이 거듭나지 못하는 이유는, 본 교단에서 설하는 그 말씀들이 해탈할 수 있는 부처님의 말씀도 아니고 또 기독교에서 가르치는 그 말씀들도 거듭날 수 있는 예수님의 말씀도 아니기 때문에 예수나 부처를 믿는 신앙인들이 아무런 변화도 받지 못해 깨달음 하나 없이 의문으로 믿다가 종식하게 되는 것입니다. 경전에 기록된 문자들은 모두가 절대적 생명을 조성하신 신(神)의 말씀을 비유로 기록된 영혼에 관한 말씀입니다. 그 말씀을 문자적으로만 본다면 세상의 윤리·도덕이나 아니면 상식과 지식으로 이해하게 됩니다.

생명을 주장하신 신(神)의 말씀이라 함은 사람에게 심어진 영혼이라는 진리를 깨닫게 하기 위한 가르침의 말씀이라는 뜻입니다.

각기 깨달은 마음의 눈으로 볼 수 있는 생명의 말씀이라는 뜻입니다. 경전에 기록된 문자 그대로 각기 생명을 깨닫는 일은 없습니다. 경전의 문자 그대로 이해하려고 하는 자들은 영적으로 미물이나 물고기나 짐승이나 문둥병자나 소경 등으로 비유하고 있습니다. 그러므로 기독교나 불교에서 진정한 지존님의 정도(正道)를 가르치는 종교라면 오늘날까지 설한 말씀들이 진리의 말씀이 아니고 의문의 말씀이라고 시인하고 다시금 정도를 찾아 가르쳐야 한다고 생각합니다. 사람의 생명이 되는 진리가 아니고 또 다른 세계를 가르치는 교단이라면 모르거니와 영원한 생명의 세계를 가르치는 교단이라면 다시금 고민해 봐야 합니다.

그러므로 자신을 모르는 것이 실패와 병의 근원이 되는 것입니다.

사람은 지구상에서 가장 슬기롭고 현명하고 위대한 존재라고 합니다. 사람의 몸에 병이 발생하는 이유는 모두 몸 안에 심어진 생명이 병이 들었기 때문이라고 합니다.

생명이 병이 들면 그 생명이 입고 있는 몸이라는 도구가 기력을 잃고 마음의 고통을 유발하며 수명을 단축한다고 합니다.

사람의 몸은 세상에 태어나면서부터 병이라는 악연과 함께 태어났다고 합니다. 그러므로 생명이 건강하면 몸에 잠재하고 있는 병들이 기승을 부리지 못 하게 된다고 합니다.

하지만 생명이 건강하지 못하면 몸도 따라서 병이 들어 기력을 상실하게 된다고 합니다.

그렇게 되면 그 사람의 마음은 몸의 병으로 시달려 괴롭게 살아가게 될 것입니다. 그러나 각자 본인의 생명을 알고 살아가는 자는 지극히 귀하다고 합니다.

자기 생명을 모르는 것은 괴로움을 주는 병이 된다고 합니다.

그 병을 치료하는 말씀이 경전의 말씀입니다.

사람들은 자기 몸의 병을 두려워한다고 합니다.

몸의 병보다 더욱 두려운 병이 있다는 것을 모르고 있습니다.

그 병을 찾아 진리의 말씀으로 치료받아야 합니다.

바로 지신의 생명을 모르는 병이 됩니다.

자신의 잃어버린 생명을 찾아 지키게 되면 친자 행세하던 몸의 병은 관심 밖으로 밀려나게 됩니다.

그리고 영원한 평안을 누리게 됩니다. 그 변화가 정도(正道)의 길에 있습니다. 그러므로 육신에 대한 관심과 마음에 대한 변화의 본질을 알고 살아가야 합니다. 육체는 영원한 존재가 아니기 때문입니다. 육체 안에 심어진 영혼이라는 생명이 나야나라는 존재입니다. 나야나라는 영혼이 정도(正道)를 이루어야 절박했던 한 시대의 과정을 벗어나 경전에 기록된 낙원이라는 곳을 성취하게 됩니다. 경전에 기록된 말씀들은 거짓 없이 그 행함에 따라 심으면 심은 대로 이어지게 됩니다.

사람은 모두 조물주가 아니라 피조물이라는 것을 모르는 사람은 없다고 봅니다. 사람을 창조하신 거룩하신 지존님의 바람을 벗어난 삶은 그 삶의 질서가 혼돈하며 갈등에 휘둘려 그 삶의 길이 토막이 나게 된다고 합니다. 그러므로 나라의 수장들이 그 마음에 공평은 없고 자기의 욕망으로 백성을 지배하게 된다고 합니다. 창조주의 공평과 선은 성경적으로 성령이라고 합니다.

사람의 마음에 하나님의 성령을 영접하지 못한 자들은 선도 아니고 악도 아닌 중간에서 어떤 영들의 지배를 받으며 살아가게 된다고 합니다. 그 가운데 하나님의 선 즉 성령을 영접한 자는 자신의 삶을 알기 때문에 공정하고 평범하게 살아가게 되지만, 그와는 반대로 성령을 부인한 자들은 갈등이 심하여 공정하게 살아가지 못 하게 된다고 합니다. 창조주 하나님은 그런 자들을 마귀 또는 사단이라고 칭하고 있습니다. 그러나 사람들은 그 의미를 알 수가 없다고 합니다. 각자 본인은 스스로 착각하고 선한 사람이라고 생각하며 자기 좋은 대로 살아간다고 합니다. 창조주의 뜻을 벗어난 자들은 반드시 사람을 해치는 나쁜 방법을 선택하게 된다고 합니다. 그들은 크게 본다면 전쟁의 주범이 되기도 하고 살인자가 되기도 하고 도둑이 되기도 하고 사기꾼이 되기도 한다고 합니다. 그러나 창조주 하나님은 그들의 행위에 대해서 간섭하지 않는다고 합니다. 왜냐하면 그들은 이미 저주를 받는 행위를 하기 때문이라고 합니다. 하나님은 사람을 만들어 내실 때에 선으로 만들어 놓았는데 인생을 살아가면서 그 선이 변질되어 악한 자가 되었다고 합니다. 성경적 악이라 함은 하나님을 모르는 것과 자신의 생명을 모르는 자들을 악한 자라고 합니다.

인간의 악이 아닙니다. 세상의 지식을 많이 쌓고 또 사람들로부터 인정을 받고 세력을 모으게 된 그 사람은 반듯이 높은 곳을 쟁취하려고 동요들과 투쟁을 벌이게 된다고 합니다. 높은 자리를 쟁취하게 되면 또다시 욕망이 불일 듯하며 좀 더 위대해 보고자 하여 전쟁도 불사한다고 합니다. 그 행위는 절대적으로 그 영혼이 멸망하는 행위라고 합니다. 그런데 왜 그 악연을 선택할까! 바로 창조주의 법을 거부한 저주로 하여금 그 영혼이 멸망하는 값이라고 합니다. 그 영혼들은 후일에 바로 고약하고 취약한 지역으로 태어난다고 합이다. 이 지구상에 어느 취약한 곳에 태어난 그 사람들은 모진 고생을 하며 살아가고 있는 그 모습을 보게 됩니다. 다 같은 사람들인데 왜 유난히 그 사람들만 공정하지 못하고 고생하는 곳에 태어났을까 생각해 봐야 합니다.

그곳도 창조주의 공정하게 분배된 곳이라고 합니다. 하늘에 천국과 지옥이 있듯이 땅에도 지옥과 천국이 있다고 합니다.

세상이 행복한 곳으로 생각하면 착각입니다. 세상을 참으로 두려고 고통을 주는 곳입니다. 왜냐하면 동서남북이 열려 있는 것 같지만 사람에게는 막혀있는 곳입니다. 그러므로 마지막 때 갈 곳을 못 찾고 공포심으로 떠나게 됩니다. 세상은 참으로 두려운 시대입니다. 창조주 하나님의 뜻을 반드시 찾아서 그 법을 지켜야 합니다. 그러면 막혀있던 동서남북이 열리게 됩니다.

성경에 기록된 말씀은 거짓 없이 실행하는 말씀입니다.

다만 그 말씀들이 비유로 기록이 되어 있기 때문에 이해하기가 까다로울 뿐입니다. 그 비유를 영적으로 검 또는 화염검 또는 구령이라고도 합니다. 그러므로 비유의 말씀을 깨달으려면 ○○○되어야 한다고 합니다. 오늘날 어느 나라에서 전쟁을 하고 있는데 그 주범들이 바로 성경에 기록된 ○○○들의 영혼이라고 합니다. 창조주 하나님의 저주를 받는 자들이라고 합니다. 그들은 갈 곳이 없는 객이라고 합니다. 그러므로 이 시대에서 한탕 해먹고 멸망하게 되는 지옥의 자식들이라고 합니다. 그들이 살라면 하루속히 하나님 앞에 회개해야 합니다. 그러나 회개하기가 어려운 존재들이라고 합니다.

전쟁을 발생시키는 자들의 속셈은 자기 이름을 이 시대에서 오래도록 위대하게 남기려는 생각 때문이라고 합니다.

창조주 성령의 묵시로 받은 증언입니다. 아멘.

조물주의 바람

사람을 지으신 창조주의 뜻 중에서 사람들이 지켜야 할 중요한 말씀을 발견하고 확실하게 알게 된 필자로서 그 사실을 증명한다면 사람의 혼이라는 생명이 심어진 육체라는 존재는 창조주께 공짜로 하사받은 선물이 아니라 어떤 조건부로 받은 채무와 같다고 합니다. 그 채무를 갚아야 하는 의무를 사람이라면 누구나 지고 있다고 합니다. 각자 자기가 만든 몸이 아니기 때문이라고 합니다. [마태복음 6장 9절] 주기도문에 기록이 되어 있습니다.

(원문 성경 헬라어: 옵헤일레테스 압히에미 우리의 빚을 탕감해 주옵소서)

어떤 조건부로 하여 빌려서 입은 옷과 같다는 것입니다.

그 사실을 알만한 지각 있는 사람이지만 행함이 없다고 합니다. 창조주로부터 조건부로 받은 몸에 대한 빚을 전혀 느끼지 못하고 각기 왕이 된 것처럼 자존심을 앞세우며 당당하게 살아간다고 합니다. 창조주의 조건이라 함은 생명을 받은 자들은 율법을 지켜 창조주께 감사함으로 무릎을 꿇고 경외와 경배를 드려 빚을 갚아야 한다는 말씀입니다. 물질로 갚는 것이 아닙니다, 그리고 죄 사함을 받고 마지막 날에 낙원으로 돌아가야 한다는 말씀이 창조주의 바람이라고 합니다. 사람은 지극히 연약한 존재라고 합니다. 각 종교계에서 드리는 예배나 예불은 스스로 위로하는 의식일 뿐 사람의 몸과 영혼에 대한 도움은 되지 못한다고 합니다.

왜냐하면 앙모하는 대상의 뜻을 모르면서 행하는 제사기 때문이라고 합니다.

> [호세아 6장 6절. 나는 인애를 원하고 제사를 원치 아니하며
> 번제보다 하나님을 아는 것을 원하노라]

> [에베소서 1장 17절. 지혜와 정신의 계시를 너희에게 주사 하
> 나님을 알게 하시고]

하나님을 아는 것! 사람에게 주어진 가장 핵심은 각자 자기를 창조하신 조물주 하나님을 아는 것! 창조주의 바람을 깨닫고 그 깨달음으로 제사를 드리며 살아간다면 내가 왜 세상에 태어나 고생하며 살고 있는지, 그 이유를 알게 되므로 모르고 살아온 죄를 깨달아 사함 받고 행복하게 살다가 종식하는 날에 천사의 안내를 받아 인생살이에서 전혀 맛보지 못한 황홀한 곳으로 돌아가게 됩니다. 필자는 그곳을 체험했습니다.

삶의 마지막은 반드시 어디론가 돌아가는 영혼입니다.

육체로 하여금 영원히 사는 영혼이 아닙니다. 필자는 그곳

을 확실하게 가 보았기 때문에 이 말씀을 할 수가 있습니다. 성경에서 세례요한이 광야에서 외칠 때에 천국이 가까이 왔노라 하신 그 말씀이 믿음을 이룬 자들에게 응하게 됩니다. 바로 오늘날입니다.

성경 말씀은 깨닫고 지키는 자들에게 거짓 없이 이루어지는 창조주의 언약입니다. 성경 문자를 믿어서는 이루어질 수가 없습니다. 그 문자 안으로 깊숙이 들어가야 하나님의 뜻을 알게 됩니다.

그 문자는 모두 사람들이 사용하는 상식과 지식입니다.

그 지식 문자 속에 생명의 길이 담겨있습니다. 성경 문자는 믿는 자들에게 영원한 생명을 깨닫게 하려고 기록된 비유의 말씀입니다. 그 비유의 말씀을 풀지 못하고 어떤 교단에서 창조주의 뜻을 벗어나 교리를 만들어 드리는 제사를 눈먼 희생이라고 책망하십니다.

[말라기 1장 8∼11절.

8. 만군의 여호와가 이르노라 너희가 눈먼 희생으로 드리는 것이 어찌 악하지 아니하며 저는 것 병든 것으로 드리는 것이 어찌 악하지 아니하며 이제 그것을 너희 총독에게 드려보라 그가 너를 기뻐하겠느냐 너를 가납하겠느냐

9. 만군의 여호와가 이르노라 너희는 나 하나님께 은혜를 구하기를 우리를 긍휼히 여기소서 하여 보라 너희가 이같이 행하였으니 내가 너희 중 하나인들 받겠느냐

10. 만군의 여호와가 이르노라 너희가 내 단 위에 헛되이 불
사르지 못하게 하기 위하여 너희 중에 성전 문을 닫을 자가
있었으면 좋겠도다 내가 너희를 기뻐하지 아니하며 너희 손
으로 드리는 것은 받지도 아니하리라
11. 만군의 여호와가 이르노라 해 뜨는 곳에서부터 해 지는
곳까지의 이방 민족 중에서 내 이름이 크게 될 것이라]

" 하나님 아는 것 "

　사람을 창조하신 하나님께서 바라는 것은 과연 무엇인지 아는 것이 예수를 믿는 신도들에게 가장 핵심이 되는 의문이라고 합니다. 성경의 말씀은 사람들이 사용하는 물질에 대한 말씀들이 아니라 사람들에게 심어진 영적 생명에 속한 말씀입니다.

　[호세아 6장 6절. 하나님 아는 것을 원하노라] 하나님의 뜻을 아는 사람은 기독교인이든 무신론자든 지극히 귀하다고 봅니다.

　그러므로 하나님의 바람을 모르면서 드리는 헌물이나 제사나 기도는 받지 않는다는 말씀입니다. 만일에 하나님의 뜻을 알고 예배를 드리는 기독교인이 있다면 그 신자는 오늘날 그리스도를 확실하게 보며 그 생활 속에서 그리스도와 동행하다 종식하는 날 그와 함께 황홀한 천국으로 돌아가게 됩니다. 사실입니다.

　필자는 묵상 중에 그곳을 확실하게 보고 받아서 왔기 때문에 이 글을 자신 있게 필하고 있는 것입니다.

　성경에 기록된 말씀은 지나가는 나그네의 그림자가 아니라 믿는 자의 마음에 심어져 이루어지는 확실한 생명의 말씀입니다.

　[저는 것, 병든 것으로 드리는 것이 어찌 악하지 아니하며]

저는 것과 병든 것은 앞에서 말한 바와 같이 하나님의 바람을 모르고 드리는 헌물이나 제물이나 기도는 모두 눈먼 것과 중풍 병자처럼 저는 제물이라고 합니다.

그러므로 받으시지 않는다고 합니다. 왜냐하면 하나님의 뜻을 잘 알지도 못하면서 잘 안다는 생각을 갖고 관행적으로 드리는 제사기 때문이라고 합니다. 말씀 중에 충격적인 말씀은 하나님의 뜻을 모르면서 드리는 그 제사를 똥이라고도 하고 또 썩을 양식이라고도 합니다. 하나님의 뜻을 모르고 드리는 제사는 똥과 썩을 양식이라는 말씀입니다.

[요한복음 4장 34절. 예수께서 이르시되 나의 양식은 나를
보내신 자의 뜻을 행하며 그의 일을 온전히 이루는 것이라]

보내신 자의 뜻을 행하며 그의 일을 온전히 이루는 일이 예수님의 양식이 된다는 말씀입니다.

사람들이 입으로 먹는 식물이 아니라는 말씀입니다.

보내신 자의 뜻을 알고 믿는 기독교인은 없고 기독교 밖에는 있습니다. 표면적 문자 기독교인과 이면적 영적 기독교인과 그 믿음이 다릅니다. 이면적 영적 기독교인은 예수님의 말씀을 깨닫고 온전히 이룰 수가 있지만 표면적 문자 기독교인은 절대로 이룰 수가 없습니다. 그들은 자기 생활을 중심으로 믿기 때문입니다.

보내신 자의 뜻은 바로 OOO입니다. 그 OOO의 비밀을 진

실한 믿음으로 하나님의 뜻을 발견한다면 영접할 수도 있고 거부할 수도 있습니다. 자유입니다. 보내신 자라고 하니까 목회하는 목사님이라고 생각할 수도 있다고 봅니다.

목사님들은 신학교를 수료하고 나오신 분들이지 하나님께서 보내신 자가 아닙니다. 하나님께서 보내신 자를 모르기 때문에 구원을 받지 못하고 스스로 구원받았다고 생각하며 교회를 다니는 것입니다. 보내신 자의 뜻을 이해하는 기독교인은 없다고 봅니다.

하나님께서 보내신 자는 사람들 생명의 길을 알게 하는 구원자를 말합니다. 사람들 생명의 길을 알게 하는 자가 바로 보내신 자 예수 그리스도의 말씀입니다. 만일에 교회에서 시무하시는 목사님이 사람에게 심어진 생명 길을 알게 하여 천국을 이루게 한다면 그 목사님은 하나님께서 보내신 자가 됩니다.

그 목사님은 예수님으로부터 성령을 받은 구원자 사도가 되신 분입니다. 그 외에는 말씀을 제아무리 청산유수와 같이 흘러넘치게 전한다고 해도 모두 구원할 수 없는 썩을 양식이 되는 것입니다.

청산유수와 같이 흘러넘치게 전하는 말씀을 듣고 구원받고 하나님의 나라를 본 기독교인은 한 사람도 없다고 봅니다. 나의 양식은 나를 보내신 자의 뜻을 행하며 온전히 이루는 것이라.

예수를 믿는 신자 중에 보내신 자의 뜻을 알고 행하는 자는 없다고 봅니다. 보내신 자의 뜻은 바로 OOO입니다. 그 OOO이 비밀로 또는 의문으로 또는 화두로 또는 비유로 또는 믿음으로 진행되고 있는 것입니다.

그 비밀은 영적 하나님께 드리는 경외입니다.

OOO을 믿음으로 깨닫고 이루라는 말씀입니다.

그 OOO은 어디서부터 발원되었느냐 하면 창세기 말씀에서부터 발원하여 흘러 내려오면서 예수 그리스도 생명의 말씀이 된 것입니다. 그 말씀이 모두 예수 그리스도로 함축되어 우리에게 나타내신 것입니다. 그러므로 예수 그리스도의 진실을 알려면 창세기의 말씀을 어느 정도 인식을 해야 확실하게 성경적 천지창조를 보게 됩니다. 예수 그리스도라는 이름은 사람들에게 엄청나게 큰 천지창조가 됩니다. 무턱대고 그 이름만 믿는다고 해서 사람의 생각대로 구원을 받는 것이 아닙니다.

그러므로 그 사실을 알기 전에는 실제로 구원받는 일은 절대로 없습니다. 다만 허전한 심령을 달래기 위해서 문자적으로 믿고 스스로 된 것처럼 생각하며 살아가게 됩니다.

그들은 마지막 날 모두 반역자 계명성의 무리에게 끌려 고통 속으로 돌아가게 됩니다. 필자의 이 말이 믿어지지 않는다면, 창세기 말씀을 확인하면 확실하게 판단할 수가 있습니다.

예수 그리스도의 영은 창세기 말씀에서부터 말라기 말씀까지 모두 하나님의 뜻 안에서 고난의 피를 흘리며 하나님의 뜻을 수료하고 받은 영원한 생명입니다.

그 생명은 예수 믿는 자들도 받아야 합니다.

그 고난의 역경을 필하므로 해서 하나님의 아들 구원자 예수 그리스도가 되신 것입니다.

신약 성경에 갑자기 마리아라는 처녀로부터 성령으로 잉태되어 예수라는 구원자가 태어난 것이 아닙니다. 그 말씀은 모두 하늘나라 말씀입니다. 세상 사건이 아닙니다. 모두가 비유입니다.

그 말씀 속에 숨겨진 비밀은 태산과 같습니다.

그 진실을 반역자 계명성의 무리가 도적질해 가지 못하도록 모두 비유로 기록이 된 말씀입니다.

구약성경에 기록된 말씀들이 하나님의 뜻 안에서 흠도 없고 점도 없이 정결하게 마무리가 되었다는 의미에서 함축되어 처녀 마리아라는 이름으로 요약된 말씀입니다. 모두 진실한 기도 안에 있는 영적 생명들입니다. 구약성경의 말씀들은 창조주께서 경영하시는 사람들의 생명에 관한 말씀입니다. 구약의 말씀이 없다면 인류가 창조된 그 내력을 알 수가 없게 됩니다.

그러므로 구약의 말씀을 모르는 자들은 모두 예수를 백년, 천년을 믿어도 지옥이라는 취약한 곳에 빠지게 됩니다.

구약의 말씀을 이해해야 예수 그리스도의 속성을 알고 믿음으로 이루어 천국으로 돌아가게 됩니다.

미안하지만 오늘날 예수 믿는 사람들 모두 허세에 불과합니다.

진실은 전혀 모르고 믿고 있는 것입니다. 성경에 기록된 천국이 현재 예수 믿는 사람들 눈앞에 있어도 취할 생각을 못하고 믿기만 하고 있는 것입니다.

그 사람들의 믿음은 모두 마지막 때 ○○○으로 갑니다.

왜냐하면 잃어버린 지기들의 생명을 찾아서 품어야 하는데 잃어버린 그대로 세월만 보내기 때문입니다. 각기 자기 생명을 알고 있는 자들은 지극히 귀하다고 봅니다.

[요한복음 6장 27절. 썩을 양식을 위하여 일하지 말고 영생하도록 있는 양식을 위하여 하라]

성경적 일은 사람의 노동이 아닙니다.

생명을 위한 일, 즉 믿음 생활을 일컬어 일이라고 합니다.

육체는 유한한 존재기 때문에 성경에서 귀하게 다루지 않습니다.

그러므로 영혼을 위한 일을 해야 영생하게 된다는 예수님의 말씀입니다. 그러나 영생하도록 있는 양식을 위한 일이 무엇인지 아는 신앙인이 없다고 합니다.

사람들에게 심어진 생명을 혼이라고 합니다.

그 혼이 영으로 하여금 인생을 살아가기 때문에 영혼이라고 부르게 됩니다. 특히 주목해야 할 영적 문제는 영이라는 존재입니다.

그 영이라는 존재는 수도 없이 많습니다.

첫째, 악령이 있고, 둘째는 성령이 있습니다. 그 외의 영들이 많습니다. 성령을 제외하고는 모두 더러운 영에 속합니다.

성령을 받지 못한 사람은 모두 더러운 영의 소속이 되어 믿음 생활을 하는 것입니다. 그곳에서 벗어나기 위해서 예수 그리스도를 믿는 것입니다. 더러운 영의 시대에서 벗어날 때 구원받게 됩니다. 구원받는 사람은 악령이 침투하지 못하도록 바로 성령의 신이 임하게 됩니다. 성령을 받는 자는 하나님을 보게 되고 예수 그리스도의 천국도 깨닫게 됩니다.

성령을 받지 못한 자들은 그들끼리만 거래하게 되고, 성령을 받은 자들과는 절대로 거래가 되지 못합니다. 성령을 받는 자들도 마찬가지입니다. 그러므로 서로가 원수 관계로 이어지게 됩니다.

필자는 보고 아는 것을 증거하고 있는 것입니다.

[고린도전서 15장 54절. 이 썩을 것이 썩지 아니함을 입고 이
죽을 것이 죽지 아니함을 입을 때에는 사망이 이김의 삼킨
바 되리라고 기록된 말씀이 응하리라]

하나님의 말씀을 이루어 구원받은 자는 자기 사망을 이깁니다.
왜냐하면 그리스도를 이루고 그 영이 하나님의 성전으로 들어갔기 때문입니다. 그러나 겉으로는 보이지 않습니다. 성경의 말씀은 육신의 사망은 다루지를 않습니다. 왜냐하면 육체는 어차피 죽은 운명이기 때문입니다.

정해진 육신의 죽음을 뭐하려고 영원한 생명에 접목하느냐!
아니라는 말씀입니다. 육체와 영혼은 다릅니다. [히 1:10~12 웃]

그러므로 좌우간 분별을 하라는 예수님의 말씀입니다.

좌로 살고 있는지 우로 살고 있는지 구별을 못 하고 살아가는 자들을 성경에서 귀신 들린 자라고 칭하고 있습니다. 사람을 창조하신 하나님 뜻을 모르는 자들이기 때문에 그와 같이 칭하게 되는 것입니다.

성경적 사망은 하나님을 모르는 자를 사망이라고 합니다.

하나님의 뜻을 알고 이루면 부활이라고 합니다.

사람들의 몸에 대한 부활이 아닙니다.

사람의 몸을 제외한 생명의 말씀이 성경입니다.

사람들이 자신의 생명을 모르기 때문에 육체의 죽음을 죽음으로 알고 있는 것입니다. 육체는 영혼의 옷입니다. [히 1:10~12 옷]

그 옷을 벗고 그 안에 심겨 있던 영혼이 떠나면 그 몸이라는 옷은 흙으로 돌아갑니다. 그 변화의 행사를 사람들은 죽음으로 알고 있는 것입니다.

진리에 대한 무지로 인해 마음고생하는 사람들이 많다고 봅니다. 그리스도의 영을 받고 그 법을 지키면 그보다 더할 평안은 없습니다.

[말라기 2장 3절. 보라 내가 너희의 종자를 견책할 것이요 똥 곧 너희 절기의 희생의 똥을 너희 얼굴에 바를 것이라 너희가 그것 과 함께 제하여 버림을 당하리라 만군의 여호와가 이르노라]

하나님의 뜻을 모르고 드리는 희생의 제사는 똥이 되고 그 제사를 드리는 자들의 얼굴에 그 똥을 바르겠다는 말씀입니다.

하나님의 바람을 모르고 드리는 제사는 아무리 거룩하게 드릴지라도 모두가 똥이라고 합니다. 오늘날 예수를 믿는 사람들이 전하는 말씀이 하나님의 뜻을 알고 또 하나님을 보고 전한다면 정금이 되고, 그러므로 그 전하는 말씀을 반드시 믿어야 하고 만일에 그 전하는 말씀들이 문자적이라면 하나님의 뜻을 모르고 전하기 때문에 똥이 되는 것입니다. 성경의 문자들은 그 안에 담긴 생명의 보화를 알리기 위해서 사람들이 사용하는 상식과 지식 문자로 기록된 것입니다. 그러므로 겉옷이 되는 것입니다.

속옷을 아는 기독교인은 참으로 귀하다고 봅니다.

성경에서 세마포라고 기록이 되어있습니다.

문자는 굵은 베옷이라고 비유하고 있습니다.

모두 사람의 생명에 대한 비유의 말씀입니다.

사람들이 사용하는 소비 품목들의 이름이 아닙니다.

그것과 함께 제하여 버림을 당하리라: 이 말씀은 똥과 같은 제사를 드리는 자의 헌물이나 기도를 받지 아니할 뿐만 아니라 하나님의 천국 길도 제하여 버린다는 말씀입니다.

그러므로 하나님께서 응답하지 않는다고 합니다.

사람은 종식하는 날 반드시 지옥은 피해야 합니다.

인생이 마지막 가는 길은 지옥과 천국이라는 두 길 외에는 없습니다. 그러므로 천국을 못 가면 지옥입니다.

[말라기 1장 10절. 내 단 위에 헛되이 불사르지 못하게 하기
위하여 너희 중에 성전 문을 닫을 자가 있었으면 좋겠도다]

하나님께서 내 단이라 함은 세상 건물 단이 아니라 OOO을
하나님의 단이라고 칭합니다. 그러나 그 단을 아는 사람은 별
로 없다고 봅니다. 그곳을 하나님의 말씀으로 해 뜨는 곳이라
고도 합니다. 너희 중에 하나님의 뜻이 아닌 제사를 드리는
제물은 모두 오물과 같이 땅에 묻어버리고 하나님의 뜻에 맞
는 제사를 찾아 드리도록 누군가가 나타나서 다시금 하나님
의 뜻에 맞는 제사를 가르쳐 그 제사를 드리게 하였으면 좋
겠다는 말씀입니다.
그 말씀을 성전 문을 닫을 자가 있었으면 좋겠도다. 라고
하신 말씀입니다. 신약에 구원자로 등장한 예수 그리스도의
가르침이 바로 똥과 같은 제사를 드리는 자들의 그 성전 문
을 닫는 말씀입니다.

[말라기 1장 10절. 너희 손으로 드리는 것을 받지도 아니하리라]

너희 손은 사람의 손이 아니라 겉으로 드리는 세상 관습을
비유로 손이라고 말씀하신 것입니다.
사람들이 의식적으로 드리는 세상 관습이기 때문에 그 의
식은 사람들의 생명과 아무런 관련이 없는 제사라고 합니다.
사람들이 일상생활을 위해 서로 주고받는 말씀으로 드리는

제사기 때문에 하나님께서 사람들에게 심어놓은 생명의 제사와는 연결고리가 될 수 없는 의식이라는 말씀입니다.

사람들이 행하는 세상 관행적 제사와 또한 하나님께서 받으시는 영적 생명의 제사는 구별이 되어 있습니다.

하나님께 드리는 제사는 즉, 레위 지파와 같이 그의 율례를 따라 드리는 영적 제사만 받으신다는 말씀입니다.

그러나 그 율례를 확실하게 아는 기독교 신앙인은 지극히 귀하다고 합니다. 하나님의 아들이 되신 예수 그리스도께서는 하나님께서 바라는 율례를 수료하셨기 때문에 구원자가 되신 것입니다.

[말라기 1장 11절. 만군의 여호와가 이르노라 해 뜨는 곳에서부터 해 지는 곳까지 이방민족 중에서 내 이름이 크게 될 것이라]

성경적 이방 민족이라 함은 유대인의 교리를 벗어나 실제로 하나님의 뜻을 찾아다니는 영적 고아 과부 나그네 가난한 자들을 말합니다. 그들을 고아 또는 과부, 나그네 가난한 자 등으로 비유하고 있습니다. 세상 관행이 아닙니다.

부모 없는 고아, 남편 없는 과부, 집이 없어 떠돌아다니는 나그네, 세상 재물이 없어 굶주리는 가난한 자, 그런 사람들이 아닙니다. 말하자면 하나님께서 주신 잃어버린 자기 생명의 원인을 찾아다니는 수도자들의 그 차원에 대한 비유로 칭한 이름들입니다.

　인간 생활 속의 가련하게 살아가는 사람들이 아닙니다.

　창조주 하나님의 뜻에 비추어보면 사람들이 모두 자기 생명을 모르고 인생을 살아가고 있습니다. 그러나 그 사실을 인식하고 살아가는 자는 아무도 없다고 합니다. 그래서 마지막 날에 지옥으로 갈 수밖에 도리가 없게 됩니다.

　[이방 민족 중에서 내 이름이 크게 되리라.]

　외국인을 이방 민족이라고 말씀하신 것이 아닙니다.

　바리새 또는 사두개의 교리를 떠난 하나님의 뜻을 찾아다니는 자들을 이방 민족이라고 칭한 말씀입니다. 바리새인들이나 사두개인들은 자기들만 하나님을 섬기는 민족이고 그 외의 사람은 모두 이방 민족으로 취급합니다. 그러므로 예수 그리스도도 바리새파 사두개파 교도들이 본다면 이방인이 되는 것입니다. 그래서 예수님을 향하여 귀신 들린 사람이라고 핍박을 한 것입니다.

　그들의 교리에 속하지 않은 자들은 모두 이방 민족이 되는 것입니다. 세상의 관행이 아니라 성경적 이방 민족입니다. 그 이방 민족이 바로 고아 과부 나그네 가난한 자들입니다.

　영적 고아 과부 나그네 가난한 자들은 몸으로 살아가는 이 시대를 초월하여 또 다른 시대의 깨달음의 정도를 구하는 자, 즉 구도자(求道者)들의 비유입니다. 즉 오늘날 어떤 교파 사람들이 자기들의 교리 예배와 다르면 그 교파를 이단이라고 함과 같습니다.

하나님께 견책당하는 민족은 이스라엘 즉 야곱 족속들입니다.

그 이스라엘이 하나님의 법을 변질하여 다른 교리를 만들어 지키기 때문에 하나님께 견책을 당하고 있는 것입니다. 성경에서 편벽이라고 기록이 되어 있습니다.

그 교리로는 하나님께 경배가 될 수가 없다고 합니다.

제아무리 잘 믿고 열심을 낸다 해도 하나님께 경배나 경외가 될 수가 없는 교리 제사라고 합니다. 왜냐하면 경외심이 없는 형식과 입술로 하는 제사기 때문이라고 합니다.

성경적으로 해 뜨는 곳을 알아야 합니다. 지구 위에 떠오르는 해가 아니라 하나님의 중요한 생명의 말씀하라고 비유로 기록이 된 말씀입니다. 성경 말씀에서 그곳을 높은 곳 또는 처음 또는 첫사랑, 또는 새벽, 빛, 등으로 광범위하게 사용이 됩니다.

모두가 비유입니다. 지구 위에 떠 있는 해가 아닙니다.

그 해는 OOO을 가르치라고 비유로 기록이 된 말씀입니다. 그곳을 하나님의 제단 또는 성전이라고도 비유하고 있습니다.

해 뜨는 곳과 해지는 곳이라고 비유한 말씀이 믿음으로 이루어지면 확실하게 예수 그리스도를 보고 구원을 받아 확실하게 천국을 받습니다. 구원을 받으면 그 해는 사라지고 새로운 어린양의 해가 떠오르게 됩니다.

[그 성은 해나 달의 비췸이 쓸데없으니, 이는 하나님의 영광이 비취고 어린 양이 그 등이 되심이라.]

그 성은 해나 달의 비췸이 쓸데없으니: 이 말씀은 성경적 해는 제사장을 의미하고 제사장은 하나님께 제사를 드리면서 자기 민족들에게 하나님의 법을 가르쳐주는 지도자라고 합니다.

달은 그 아래 순종하는 자를 의미합니다.

지구 위에 떠 있는 해도 아니고 달도 아닙니다.

실제로 구원받고 하나님의 백성이 되도록 가르치는 자들을 일컬어 해 또는 달이라고 비유로 기록이 된 말씀입니다.

성경적 어린양을 아는 기독교인은 없다고 봅니다.

그 어린양의 비밀을 알 때까지 열심히 예수 그리스도를 믿고 찾아서 만나야 합니다. ○○○을 행하는 자를 어린 양이라고 칭한 말씀입니다. 예수 그리스도는 변함없이 오늘날에도 열심히 일을 하고 계십니다. 그러나 사람들은 인식하지 못하고 인생을 살고 있습니다. 기독교인들에게만 예수 그리스도가 계신 것은 아닙니다.

모든 사람에게 해당이 되지만 성경적으로 창조주의 뜻을 모르는 자들이기 때문에 각자 생명이 되신 예수 그리스도를 모르고 있는 것입니다

[그 성은 해나 달의 비췸이 쓸데없으니 이는 하나님의 영광이 비취고]

성경적 성을 아는 기독교인이 있다면 그의 믿음이 이루어져 해와 달을 떠난 자들입니다. 왜냐하면 본인의 믿음이 성경 말씀을 가르쳐 주는 선생님의 말씀보다 밝고, 달보다 밝기 때문에 누구에게든 배울 필요가 없다는 말씀입니다. 성경 말씀을 가르치는 자 앞에서 쭈그리고 앉아 들을 필요가 없다는 말씀

입니다.

해보다 밝고 달보다 밝은 어린양의 등불이 자기 안에서 비춰주기 때문이라고 합니다. 그렇게 된 성도들끼리만 모여 은혜 가운데서 기쁨을 서로 교제하며 부족한 점을 찾아 채우며 천국을 향해서 오늘도 내일도 달음박질하게 되는 것입니다.

OOO을 어린양으로 비유하여 기록된 말씀입니다.

그 OOO생명은 믿음이 이루어진 자 안에 거하며 믿음이 있는 자들에게 하나님의 바람을 가르쳐 줍니다. 믿음은 믿는 대상을 찾아 그의 뜻을 이룬다는 뜻입니다.

그 가르침으로 말씀이 이루어져 마지막 날에 황홀한 천국을 가게 됩니다. 성경에 기록된 해와 달은 즉 생명의 말씀을 가르치며 하나님께 제사를 드리는 직분 맡은 자의 비유입니다.

지구 위에 떠 있는 해와 달이 아니라는 것부터 깨달아야 예수 그리스도의 천국을 가게 되든지 말든지 하게 됩니다.

쟁 취

　예수 그리스도를 믿는 자의 믿음이 이루어지기 전에는 허다한 번뇌와 갈등이 마음에서 발생합니다.

　그 전쟁에서 승리하지 못한 자들은 믿음이 이루어질 수가 없다고 합니다. 왜냐하면 사람들의 생명이 되는 영적 어린양을 영접하지 못하도록 허다한 적신 들린 존재들이 마음을 흔들어 대기 때문이라고 합니다. 아울러 어떤 자들이 나타나 예수님의 말씀이라고 하면서 성경 말씀을 들이대며 사람의 관심을 쟁취하려고 접근하여 달콤한 말씀으로 유혹하게 된다고 합니다. 그 유혹의 전쟁에서 승리해야 하나님의 택함을 받게 됩니다. 믿음을 이루지도 못하고 스스로 된 것처럼 생각하며 안주하며 예수 믿는 자가 많다고 합니다. 성경 말씀 한 단어의 뜻도 모르는 멍텅구리 믿음을 가지고 잘 알고 있는 것처럼 떠들어 대는 예수 신앙인이 많은 것은 사실입니다. 예수께서 그런 자들을 향하여 뱀들아 독사의 새끼들이라고 무리에게 외쳤습니다. 과거가 아닙니다. 현재입니다.

[마태복음 23장 33절. 뱀들아 독사의 새끼들아. 너희가 어떻게 지옥의 판결을 피하겠느냐]

　오늘날 우리에게 해당하는 사건들입니다. 어린양이라고 비유한 존재는 사람과 함께하고 계신 가장 인애하신 생명의 친구가 됩니다. (임마누엘: 하나님은 우리와 다 함께 계시다) 성경의 말씀은 문자로 이해하는 말씀이 아니라 사람의 모습처럼 겉으로 몸이 있고, 속으로 마음이 있듯이 말씀도 똑같습니다. 사람을 바라볼 때 겉모양새가 너무나 잘생겨 친구로 사귀어 놓고 교제하다 보니까 잘생긴 겉모습과는 달리 그 속마음에 강도가 들어 있었다면 그 잘생긴 친구에게 가진 것 모두 빼앗기고 결국은 쫄딱 망하게 됩니다. 신앙생활도 다를 바가 없습니다. 먹음직도 하고 보암직도 하고 지혜롭게 잘 생겼다고 보고 믿었다가는 낭패를 당합니다. 잘 생각해 봐야 합니다. 하와를 떠올려야 합니다.

앞에 설명한 내용들은 십계명으로부터 비친 구원의 말씀입니다. 즉 십계명의 말씀과 같이 모든 말씀이 '하지 마라'와 '하라'는 하나님의 법의 말씀 속에 담겨 있습니다.

십계명의 명령받은 법을 준수(遵守)하여 드리는 제사만 창조주께서 받으시며 응답하십니다. 그 외의 제사는 받지 않는다는 말씀입니다. 그러나 그러한 예배를 드리는 신앙인은 지극히 귀하다고 합니다. 그러므로 생명의 양식을 공급받지 못해 병이 들어 있으나 인식하지 못하고 공허한 인생을 살아가게 되는 것입니다.

몸을 위한 양식은 그런대로 세상에 많이 있지만 생명이라고 하는 영혼을 위한 양식은 별로 없다고 합니다.

그러므로 사람들은 각기 생명의 양식을 먹어야 하는데, 먹지를 못해서 마음과 몸에 병이 들게 된다고 합니다.

그러나 아무도 그 의미를 인식하지 못하고 인생을 살아간다고 합니다. 사람의 생명이 필요한 양식을 제공하는 기관은 종교라고 하는데 종교에서 영혼들이 먹어야 할 양식을 올바로 제공하지 못하기 때문에 종교인들이나 무신론자나 일반적으로 의문의 삶을 살다가 병들어 허무하게 종식하게 된다고 합니다.

타의 경영

사람들이 이 세상을 살아가게 되는 순리는 자신에 의해서 살아가는 것이 아니라 타에 의해서 살아가게 된다고 합니다.

그러나 사람들은 모두가 자기에 의해서 살아간다고 생각한다는 것입니다. '타라' 함은 바로 조물주의 자비를 의미합니다.

조물주님은 사람이 태어나는 그날부터 치료하며 먹게 하시고, 입게 하시고, 잠자게 하시고, 배우게 하시고, 또한 주어진 일을 자유롭게 행하도록 치료하며 도와주시는 참 좋으신 수호신입니다.

창조주께서 그와 같이 정성을 다하여 사람들의 몸과 생명을 활성화해 주시지만 사람이라는 존재들은 누구도 그 자비를 아는 바가 없다고 합니다. 몸에 병이 들면 내 몸이 왜 병이 들었지 하며 근심만 하게 된다고 합니다. 각기 자기가 만들어서 태어난 몸이라면 모두 본인이 해결하게 됩니다.

그러나 사람들은 자신을 도와주는 진리의 신을 전혀 느끼지 못하고 왕들처럼 자존심을 앞에 놓고 자기 지식을 높이 세우며 생명을 주신 수호신을 외면하고 용감하게 살아간다고 합니다.

성경에 기록된 짐승들은 사람들이 기르는 가축이나 들에 나돌아 다니는 야생동물이 아닙니다.

사람을 지으신 조물주 뜻을 모르면 모두가 미물이나 물고기나 짐승이라고 합니다. 그러나 그 사실을 아는 사람은 없다고 합니다.

필자는 둘로스 데우.C 스승님으로부터 조물주의 자비에 대한 가르침을 받고 묵상하던 중에 예수 그리스도로부터 성령의 비침을 받게 되면서 진리에 대한 이치를 알게 되었습니다. 그러므로 모든 사람은 자신의 정신과 마음과 몸에 관한 이치를 진리의 말씀을 통하여 알고 지키면서 이 세상을 살아간다면 근심과 걱정과 몸의 병을 예방할 수가 있다고 합니다. 사람이 죽는 것은 몸이 죽는 것이지 그 안에 생명이 죽는 것은 아니라고 합니다. 사람의 생명이 되는 영혼이 죽는다면 사람이 생겨날 수가 없다고 합니다.

사람들은 생명에 대한 이치를 모르기 때문에 죽으면 끝난다고 생각하며 죽음을 두려워한다고 합니다. 사람이 태어날 때 몸이 먼저 어머니 몸에서 나온 후에 다음으로 조물주께서 그 몸 안에 합당한 생명을 심어놓는데, 그 생명이 장애인도 될 수 있고 비장애인도 될 수도 있다고 합니다. 모두 창조주의 공정한 분배라고 합니다. 그 생명이 심어지지 못하면 그 몸은 죽은 몸이 된다고 합니다. 그러므로 몸과 생명은 각기 다르게 존재한다는 것입니다.

몸과 생명이 하나가 되었을 때 사람이라고 칭하게 되는데, 사람이 되기 전 무색의 형체가 사람이 되어 한 시대를 살아가는 이유는 영원히 살아계신 조물주의 바람인 경외와 경배드리리라는 뜻으로 만들어졌다고 합니다. 보이지 않는 존재를 보도록 만들어 놓고 또 도와주시며 자유롭게 활동하도록 지혜를 주셨지만, 창조주의 뜻을 하찮게 여기며 피조물들 좋은 대로 인생을 살아간다고 합니다. 자기가 만들어서 태어난 몸과 생명이 아니라는 생각은 전혀 인식하지 못하고 각자 자기 좋은 대로 살다가 마지막에 지옥이라는 곳으로 돌아간다고 합니다. 사람이 살아서나 죽어서나 돌아가는 곳은 지옥과 천국 둘뿐이라고 합니다. 사람이 자기 몸을 자기가 만들어 경영하는 것은 절대로 아닙니다. 조물주께서 만드시고 또 경영해 주시며 지켜 주지만 사람은 각자 자기 몸을 경영해 주시는 조물주의 자비를 알고 살아가는 사람은 없다고 합니다. 그리스도 성령의 말씀입니다.

각기 자기의 실력으로 또는 자기의 능력으로 살아간다고 생각들을 한다는 것입니다. 몸에 병이 들어 마음고생할 때도 그 이유를 모른다고 합니다. 사람이 나이가 들면 몸이 퇴화하는 것은 창조주의 법이라고 합니다. 그러므로 병이 들어오는 것은 이상한 일은 아니라고 합니다. 다만 그 병으로 하여금 마음의 고통을 많이 느끼느냐 아니면 별로 느끼지 못하느냐에 따라서 정도(正道) 신앙인과 사치 신앙인의 차이가 있다고 합니다.

필자도 몸의 병과 함께 살고 있습니다.

진실한 신앙인은 조물주의 뜻을 알고 지키기 때문에 종식하는 날까지 몸의 병으로 고통받는 일은 크게 느끼지 못한다고 합니다. 탕감을 받기 때문이라고 합니다.

육십 이전에 몸에 병이 들어 고생하는 이유를 아는 사람은 없다고 합니다. 물론 전염병을 제외하고, 지병으로 고생하게 되는 이유는 조물주의 공의에도 해당이 되지만, 자신의 과오 때문이라고 합니다. 조물주께서 인생들에게 주신 운명은 각기 다르다고 합니다. 예를 들자면 부모를 잘 공경한 자는 많은 상속을 받게 되고 부모를 공경치 못한 자는 상속을 많이 받지 못하는 것과 같이 창조주의 뜻을 지키는 자와 그렇지 못한 자의 차이가 크다고 합니다. 장애인이나 비장애인이나 모두가 창조주의 공평에 있다고 합니다. 우연히 장애인으로 태어나고 또 우연히 비장애인으로 태어나는 것은 아니라고 합니다.

그러므로 조물주의 진리를 조금이라도 느끼면서 올바로 살아가야 다음 세대에 취약한 몸으로 태어나지 않는다고 합니다.

필자는 신앙생활 과정에서 늦게나마 진리의 말씀에 비췸을 받아 성령의 가르침으로 이 글을 쓰게 된 것입니다.

필자가 가장 경이롭게 보는 경전을 소개한다면 불경과 성경입니다. 그 둘 중에서 성경을 더욱 경이롭게 보는 편입니다.

모든 사람은 창조주 성령의 은혜를 받고 인생을 살아가고 있지만 누구도 그 사실을 인식하지 못하고 각기 자기 좋은 대로만 살아간다고 합니다.

각자 자기 몸의 건강과 허약함과 병을 조율하며 살아가는 사람은 없다고 봅니다. 모두 사람을 만들어 주신 존엄께서 주장하시는 몸과 생명입니다. 그러므로 반드시 그를 찾아 경외해야 합니다.

성경과 불경

성경과 불경이 무엇 때문에 수많은 문자로 두텁게 기록이 되었을까? 바로 모든 사람에게 심어진 생명의 길을 알리려고 두텁게 기록이 되었다고 합니다.

바로 OOO생명에 관한 말씀 때문이라고 합니다.

그 OOO생명에 관한 말씀만 알고 그 법도를 행하면 의문의 삶을 깨닫게 되는 것입니다. 그 OOO생명의 말씀에 관한 법도를 알고 지키면 더할 것이 없는 평안한 삶이 됩니다.

경전 안에 기록된 말씀들을 잘 안다고 하는 사람들이 많다고 합니다. 하지만 모두 자기들의 높은 지식일 뿐 그 경전의 깊은 뜻을 아는 사람은 별로 없다고 봅니다.

만일에 성경의 말씀을 잘 안다고 한다면 거듭남의 뜻을 알아야 하고 부활의 뜻을 알아야 합니다.

그리고 성경을 잘 안다고 하는 자들은 거듭남과 부활을 이루어야 합니다. 가르치는 자는 거듭남과 부활이 되도록 배우는 자들을 그렇게 만들어 주어야 합니다.

예수 그리스도께서 제자들에게 가르쳐 줌과 같이 배우는 제자들을 깨닫게 해줘야 한다는 말씀입니다.

불경의 말씀을 안다고 하는 사람은 해탈이 되어야 하고 또 가르치는 사람은 배우는 자들을 해탈이 되도록 가르쳐 줘야 합니다. 그러나 그렇게 가르치는 선생이 없다고 합니다.

불교에 해탈한 자도 없고 기독교에 거듭나서 부활한 자가 없다는 것입니다. 불경이나 성경이나 그 말씀을 가르치는 사람은 헤아릴 수없이 많다고 봅니다. 사찰의 스님들이라고 하면 불경을 가르치는 선생님들이고, 기독교의 목사님이라고 하면 모두 성경을 가르치는 선생님들입니다.

그런데 웬일인지는 몰라도 불교와 기독교의 핵심이 되는 해탈하여 성불한 자가 없고 거듭나 부활한 자가 없다고 합니다.

알맹이 없는 쭉정이와 같다는 뜻입니다. 성령께서 하시는 말씀입니다. 그리고 사람들에게 믿으라고 전도를 하며 권한다고 합니다.

그렇다면 신앙적으로 가르침이라고 할 수가 없다고 봐야 합니다. 사람은 육신이 아니라 그 안에 심어진 영혼이라는 무색의 존재가 참사람이라고 합니다.

왜 사람이라고 하느냐면은 창조주의 입장에서 볼 때 사람이 되라는 뜻으로 사람이라고 칭했다고 합니다. 그러나 사람이 될 생각은 하지 않고 모두가 각기 자기 방식대로 선한 일이건 악한 일이건 뒤섞어가며 살다가 마지막 때에 좋은 곳으로 돌아가지 못하고 취약한 곳으로 돌아가게 된다고 합니다.

(생명을 경영하시는 성령께서 하시는 말씀입니다. 사람의 소리가 아닙니다.)

창조주께서 인정하는 사람은 바로 조물주의 뜻을 이루어 거듭나 부활한 자와 해탈하여 성불한 자들이라고 합니다.

사람들이 오해하고 있는 부분은 바로 육체라는 몸의 변화되는 것을 마음에 두고 있다고 합니다. 맹신자들의 착각입니다.

육체는 생명의 도구요 사라지는 소모품이라고 합니다.

사람의 영혼이 올바른 길을 찾지 못하면, 즉 영적으로 사단이라고 합니다. 그 사단이라는 사람들이 인생을 지배하다가 모두 의문사로 마무리를 짓게 된다고 합니다. 사람을 조성하신 지존의 말씀에 비추어본다면 사람다운 사람이 없다고 합니다.

다만 사람이 되어가기 위해서 인생을 살고 있다고 합니다.

그러나 사람이 되지 못하고 의문으로 살다가 죽음으로 마무리를 짓게 된다고 합니다.

사람을 만들어 내신 조물주의 뜻을 깨닫고 지키는 자들이 귀하다고 합니다. 반면에 거짓을 제일 많이 사용하는 사람들은 바로 높은 자리에 많이 있다고 합니다. 그들은 거짓을 많이 지어내 이익을 취한다고 합니다. 생명을 경영하시는 성령께서 하시는 말씀입니다.

창조주의 공의에 비추어볼 때 그들의 화려한 시대는 다음에는 반드시 추락하게 되면서 다시금 취약한 곳으로부터 태어난다고 합니다. 성령의 말씀입니다.

[눅 16:24~26 부자와 나사로]

창조주의 공이요, 절대적 순리라고 합니다. 그래서 약대는 바늘귀로 들어갈 수 있으나 부자는 천국에 들어가기가 어렵다고 합니다. 사람이라면 반드시 자기를 만들어 놓은 창조주의 법에 따른 영혼의 양식을 먹고 거듭나야 합니다.

기독교인들만 해당이 되는 성경 말씀이 아닙니다. 모든 사람에게 해당이 되는 성경 말씀입니다. 부자건 빈곤한 자건 구별하지 않고 믿음으로 행하는 길만 올바르면 모두 구원받고 천국으로 들어가게 됩니다.

세상은 잠시 쉬어가는 주막에 불과합니다.

육신의 양식은 부족함이 없지만 영혼의 양식은 바다 물속에서 진주조개 찾기보다 어렵다고 합니다.

그러므로 모든 사람의 영혼들이 화려하게 열려있는 해탈 없는 문으로 들어가고 또한 부활 없는 문으로 몰려 들어가며 신앙생활을 한다고 합니다. 성령께서 하시는 말씀입니다.

그곳은 모두 창조주의 부활과 해탈을 이루지 못하는 영혼들이 후일에 고통받는 거주지로 내어준 성전 밖의 마당이라고 합니다.

성경에 기록이 되어있습니다. 각 사람의 생명을 기록한 성경 말씀을 외면한 자들은 잘난 자나 못난 자나 부자나 빈곤한 자나 모두 지옥의 길로 판결이 난 자들이라고 합니다. 성령의 말씀입니다.

그러므로 세상 풍습 믿음을 벗어나 그리스도의 믿음을 이루어야 하나님의 성전 안으로 들어갈 수가 있습니다.

성전 밖의 마당 신앙에서 탈출하는 자들을 영적으로 피를 흘리는 고난의 길이라고 합니다. 성경에 기록된 죽음은 육체의 죽음이 아닙니다. 성경의 죽음이라는 뜻은 육체의 죽음이 아니라 각기 자기에게 심어진 생명을 모르고 믿는 믿음을 죽음, 또는 죽은 자들의 무덤이라고 칭하고 있습니다. 그러므로 믿는 대상을 확실히 알고 믿고 이루어야 합니다.

왜냐하면 창조주의 뜻을 모르기 때문에 올바른 제사와 기도를 못 드리게 되는 것입니다. 즉, 창조주 하나님의 뜻을 모르고 드리는 제사는 모두 똥이라고 합니다.

[말라기 2장 3절. 희생의 똥을…]

그러므로 성경적으로 삶과 죽음을 아는 사람은 없다고 봅니다. 창조주님은 모든 생명을 경영하시는 주인이시며 모든 생물이 두려워하는 참 좋으신 자비로운 하나님이십니다.

성경에 기록된 거듭남이라는 뜻과 부활이라는 뜻은 다음과 같습니다. 원문 성경 헬라어 사전에 (거듭남, 아노덴) 거듭난다는 뜻은 '처음부터' 또는 '꼭대기에서부터 다시' 시작한다는 뜻이고, 부활이라 함은 '일어서다' 또는 '똑바로 세우다.' (헬라어 원문 성경 사전에 부활은 아나스타시스) '진리의 회복', '부활하다.' '사람들 안에서 부활시키는 자.' '들어 올리다.' 등의 뜻이 내재하고 있습니다. '들어 올리다.' 그 의미를 아는 것이 핵심입니다.

무엇을 들어 올리라고 하는지 그 이유를 알고 행하면 성경적으로 부활이 되는 것입니다. 죽은 시체가 부활하는 것 아닙니다.

진리의 회복이라는 뜻은 각기 자기에게 심어진 생명을 깨닫고 그 깨달음으로 하나님께 빚을 갚는 경배를 하라는 뜻입니다.

하나님의 뜻을 알고 경배하는 자는 부활한 자가 되고, 하나님의 뜻을 모르고 경배하는 자는 죽은 자가 됩니다.

성경에 기록된 회개와 회복과 고침은 모두 각 사람에게 심어놓은 생명을 믿음으로 발견하고 조물주의 뜻을 지키어 행하라는 말씀입니다. 예수를 믿는 사람들이 확실하게 알고 이루어야 할 말씀은 거듭남과 부활이라는 말씀입니다.

자기가 모르고 있던 자기 생명을 깨달았을 때 거듭남과 부활이 되는 것입니다. 사람의 죽은 시체가 부활 되는 것이 아닙니다.

죽은 사람의 몸에 대한 부활이 아니라는 것을 확실하게 인식해야 합니다. 그래야 하나님의 천국으로 가든지 말든지 합니다.

돌아가는 길은 둘밖에 없습니다. 지옥과 천국뿐입니다.

진실로 믿음이 있는 자는 반드시 이루어 천국을 알고 가게 됩니다. 성경적으로 부활한 자를 찾아서 그 말씀을 듣고 믿어야 빠르게 이루어질 수 있습니다. 각자 자기 생명을 잃어버린 자들이 헤아릴 수 없이 많다고 합니다. 성경적 부활을 아는 사람은 한 사람도 없다고 봅니다. 성경적 믿음의 결과는 예수 그리스도의 진리 말씀이 믿는 자의 심령에 새겨져 성취되어야 합니다.

어려운 일은 아닙니다. 그러면 사도와 사귐이 되고 하나님 아버지와 예수 그리스도와 함께하게 됩니다. 영적이기 때문에 겉으로는 드러나지 않습니다. 오늘날 실행되는 구원의 사건들입니다.

[요한일서 1장 3절. 우리가 보고 들은 바를 너희에게도 전함
은 너희로 우리와 사귐이 있게 하려 함이니 우리의 사귐은
아버지와 그 아들 예수 그리스도와 함께함이라]

이 말씀은 성경에만 기록된 내용이 아니라 오늘날 살아계신 예수 그리스도의 말씀을 믿는 자들에게 직접 연결고리가 되어 이루어지는 은혜의 말씀입니다. 그렇게 이루어진 자들은 선지자 또는 사도 그리고 성도라고 칭합니다. 오늘날 예수를 믿는 사람들은 모두가 예수 그리스도의 천국을 보는 성도가 되어야 합니다.

저 높이 지구 위에 떠 있는 하늘에 있는 천국이 아니기 때문입니다. 진리 말씀으로 변화되는 믿음을 즉 거듭남과 부활이라고 합니다. 절대로 어려운 길은 아닙니다.

예수 그리스도의 생명을 나도 받을 수 있다고 다짐하고 인내하며 찾아 나선 사람은 고생이 되지만 반드시 찾게 되면서 영적 소망이 이루어집니다. 그렇게 이루어지면 만사형통과 운수 대통이 되는 것입니다.

그렇다고 인생을 건강하게 또는 부자로 잘사는 것은 아닙니

다. 영적이기 때문에 그 사람에게 심어진 생명만 형통하게 되는 것입니다. 이 글을 보시는 분들께서는 자신을 지켜주시는 수호신을 발견하고 그의 뜻을 따라 살아간다면 무언가는 좋은 편으로 마음의 변화로 하여금 모르고 살아온 길을 보게 될 것입니다.

불교에서 핵심이 되는 해탈이나 기독교에서 부활이 없다 보니까 기복신앙으로 바뀌어 전하고 있는 것입니다. 사람이 건강하게 잘살고 못 사는 것은 본인의 노력에 달려있다고 봅니다. 신앙생활로 정도(正道)를 이룬 자는 생명의 말씀이 넘치는 부자가 되고, 또 그 사람의 몸은 병이 들어도 생명은 영원히 건강하게 됩니다.

그러므로 몸의 병이 친자로 행세하다가 믿음이 이루어지면 그 병은 객이 되어 떨어져 나갑니다.

문제는 믿는 자의 믿음이 창조주의 뜻에 맞아야 합니다. 성령을 받았다고 해서 세상 부자가 되는 것은 아닙니다.

육체는 모두가 병으로 하여금 사라지는 유한한 존재라는 것을 모르는 사람은 없다고 봅니다.

성경 말씀을 오해하고 믿는 사람이 많은 것은 사실입니다. 각 사람들은 자신의 생명이 어디에 있는지 아는 사람은 없습니다.

그러므로 그 잃어버린 생명을 반드시 찾아 간직해야 합니다. 사람들의 생명을 보화 또는 제물 또는 금, 은 등으로 비유하고 있습니다. 각기 자기 생명이 보석. 또는 금, 은, 보화, 영적 제물이라고 알고 있는 사람은 한 사람도 없다고 봅니다.

사람을 지으신 창조주 나라에서는 사람에게 심어진 생명을 다양한 비유로 칭하고 있습니다. 산과 바다로도 칭하고 있습니다.

그뿐만 아니라 짐승 또는 구더기라고도 비유하고 있습니다. 오죽이나 창조주의 법을 벗어나 해괴한 행위를 일삼는 인생들을 금수(禽獸)로 칭했을까 하는 생각도 해봅니다.

현실에서 발생하는 저질적이고 악한 사기와 도적질과 살인과 전쟁은 모두 지존님이 저주하는 결과라고 합니다.

사람의 악함으로 발생한 값이기 때문에 흥하건 망하건 하나님은 그들을 내버려두시며 절대로 말리지 않는다고 하십니다. 악을 도모하는 자들은 모두 하나님을 반역한 계명성의 후예들이라고 합니다. 성령의 말씀입니다.

다만 하나님의 뜻을 알고 경외하는 자들만 보살피신다고 합니다. 각기 잃어버린 생명을 오늘날 구원자의 말씀을 통하여 찾아야 성령의 말씀으로 거듭나야 합니다. 성경은 각 사람의 영혼을 구원과 심판하는 책입니다.

" 하나님과 제물 "

사람을 창조하신 하나님은 사람들이 사용하는 제물을 요구하지 않습니다. 만물들이 모두 그의 소유이기 때문입니다.

성경에 기록된 은이나 금이나 제물이나 모두 믿음을 갖고 하나님의 뜻을 깨달아가는 기도에 대한 진실의 분량을 비유로 기록한 영적 제물들입니다. 세상에서 사람들이 사용하는 은이나 금이나 제물이 아닙니다. 그러나 사람들은 성경에 기록된 그 제물들이 모두 사람들이 사용하는 물질로 알고 있다고 합니다.

말라기에 기록된 십일조는 영적 생명의 열매 십일조입니다.

그 생명의 열매가 진실한 기도로 만들어져야 합니다.

그래야 예수 그리스도의 성령과 연결이 되는 것입니다.

그러나 그 생명의 열매 기도를 맺기 위해서 예수 믿는 사람은 없다고 합니다. 성령의 말씀입니다.

[마가복음 4장 11절~34절]까지 말씀을 보면 무슨 뜻인지 성경적으로 마음에 눈이 있는 자와 마음에 귀가 있는 자들은 분명히 그 비유의 말씀을 알게 되리라 생각이 듭니다.

[마가복음 4장 11절~13절

11. 하나님 나라의 비밀을 너희에게는 주었으나 외인에게는
모든 것을 비유로 하나니
12. 이는 저희로 보기는 보아도 알지 못하며 듣기는 들어도
깨닫지 못하게 하여 돌이켜 죄 사함을 얻지 못하게 함이니라
13. 또 가라사대 너희가 이 비유를 알지 못할진대 어떻게 모
든 비유를 알겠느뇨]

[마태복음 13장 8절~9절
8. 더러는 좋은 땅에 떨어지매 혹 백배 혹 육십 배 혹 삼십
배의 결실을 하였느니라
9. 귀 있는 자는 들으라 하시니라]

예수 그리스도를 믿는 사람은 반드시 성경적 열매와 씨를 발
견하고 그 씨 믿음을 갖고 백배 혹 육십 배 혹 삼십 배를 이루
어야 합니다. 예수님께서 말씀하신 씨는 바로 OOO입니다.

그 씨로 말미암아 하나님께서 사람을 만드셨습니다.

그 생명의 씨를 사람들이 모르고 있다고 합니다.

그러므로 요한계시록에 살았다 하나 죽은 자라고 기록이
된 것입니다. 예수 그리스도께서 말씀하신 길이요 진리도 생
명이라고 하신 그 말씀을 이루어가는 과정에서 믿음으로 회
복되어 생명의 씨를 성취해야 합니다. 그 과정을 숫자로 비유
한 말씀입니다.

그 숫자에 대한 해석은 생략합니다. 많은 시간이 필요하기

때문입니다. 영적으로 귀가 있고 눈이 있는 자들만 이 말씀을 이해하게 됩니다. 예수를 믿는 사람 중에 성경에 기록된 그 십일조 말씀 때문에 마음에 걸림이 되는 경우도 있을 수 있다고 봅니다.

하나님은 사람들이 사용하는 제물은 요구하지 않습니다. 하나님께서 요구하시는 은이나 금의 제물은 따로 있습니다. 하나님의 뜻을 찾아 행하는 자들의 믿음 상태를, 철, 동, 은, 금, 제물이라고 비유로 기록된 말씀입니다.

생명을 경영하시는 성령의 말씀입니다.

하나님의 뜻에 비추어 본다면 동은 이스라엘 중에서 하나님의 길을 가는 자요, 은은 하나님의 법을 지키는 자요. 금은 경배를 올리는 자요. 제물은 서원의 뜻입니다. 철은 세상 상식과 지식의 비유입니다.

그중에서 하나님께서 받으시는 제물이 있습니다.

열에 하나로 되어있는 어떤 열매입니다. 그 열매를 제물로도 비유하고 또 하나님께서 받으시는 열매로도 비유합니다.

그 생명의 열매를 알고 기도하면 하나님께서 아름다운 향기라고 하시며 받으심이다. 세상 과일 열매가 아닙니다.

야곱이 여호와께 반드시 드리겠다고 약속한 그 열에 하나입니다. 하나님의 뜻에 속하지 않는 제물 즉 기도는 돌아보지 않습니다. 하나님의 백성들이 하나님께 드리는 제물들은 모두 생명에 대한 감사의 기도입니다.

그러나 하나님께 드리는 기도, 즉 제물을 사람들이 사용하는 세상 제물로 알고 있다고 합니다. 성령의 말씀입니다.

하나님의 뜻을 이룬 자를 금이나 보석으로 비유하고 있습니다. 동과 은은 완료를 향하여 진행하는 자들의 믿음 상태를 말합니다. 구약에 기록된 철은 인간의 관행입니다. 표면적 문자입니다.

하나님의 뜻을 깨닫고자 하는 자들이 하나님의 뜻을 발견하기 위해서 진실한 마음으로 기도하는 상태를 비유로 제물이라고 합니다. 다만 하나님께서 사람에게 심어놓은 생명만 하나님의 바람을 이루어 구원받게 하려고 비유로 기록된 성경 말씀입니다.

왜냐하면 창조주께서 신비하게 만들어놓은 귀하고 귀한 사람의 몸과 생명이기 때문에 반역자 계명성의 지옥, 고통받는 곳으로 빠져들어 가지 못하게 하려고 우리에게 주신(히브리어로, 바라크) 복의 말씀들이 즉 예수 그리스도의 구원의 말씀입니다.

(이사야 14장 12절. 반역자 계명성)

" 불의한 재물과 청지기 "

[누가복음 16장 1절~13절

1. 또한 제자들에게 이르시되 어떤 부자에게 청지기가 있는데 그가 주인의 소유를 허비한다는 말이 그 주인에게 들린지라

2. 주인이 저를 불러 가로되 내가 네게 대하여 들은 이 말이 어찌 됨이냐. 네 보던 일을 셈하라. 청지기가 사무를 계속하지 못하리라 하니

3. 청지기가 속으로 이르되 주인이 내 직분을 빼앗으니 내가 무엇을 할꼬 땅을 파자니 힘이 없고 빌어먹자니 부끄럽구나

4. 내가 할 일을 알았도다 이렇게 하면 직분을 빼앗긴 후에 저희가 나를 자기 집으로 영접하리라 하고

5. 주인에게 빚진 자를 낱낱이 불러다가 먼저 온 자에게 이르되 네가 내 주인에게 얼마나 졌느뇨

6. 말하되 기름 백 말이니이다 가로되 여기 네 증서를 가지고 빨리 앉아 오십이라 쓰라 하고

7. 또 다른 이에게 이르되 너는 얼마나 졌느뇨 가로되 밀 백 석이니이다 이르되 여기 네 증서를 가지고 팔십이라 쓰라 하였는지라

8. 주인이 이 옳지 않은 청지기가 일을 지혜 있게 하였으므로
칭찬하였으니 이 세대의 아들들이 자기 시대에 있어서는 빛
의 아들들보다 더 지혜로움이니라
9. 내가 너희에게 말하노니 불의의 재물로 친구를 사귀라 그
리하면 없어질 때에 저희가 영원한 처소로 너희를 영접하리라
10. 지극히 작은 것에 충성된 자는 큰 것에도 충성되고 지극
히 작은 것에 불의한 자는 큰 것에도 불의 하니라
11. 너희가 만일 불의한 재물에 충성치 아니하면 누가 참된
것으로 너희에게 맡기겠느냐
12. 너희가 만일 남의 것에 충성치 아니하면 누가 너희의 것
을 너희에게 주겠느냐
13. 집 하인이 두 주인을 섬길 수 없나니 혹은 이를 미워하고
저를 사랑하거나 혹 이를 중히 여기고 저를 경히 여길 것이니
라 너희가 하나님과 재물을 겸하여 섬길 수 없느니라]

상기의 말씀은 예수 그리스도께서 제자들의 믿음 상태를
어떤 청지기로 비유하여 말씀하고 있습니다. 부자는 하나님
의 말씀이 이루어진 자 즉 예수 그리스도 자신의 비유입니다.
청지기는 예수님의 말씀을 배우는 제자들을 의미합니다.
영적 성경적입니다. 성경은 이 세대를 초월한 진리의 말씀입
니다.

[2. 주인이 저를 불러 가로되 내가 네게 대하여 들은 이 말이

어찌 됨이냐 네 보던 일을 셈하라. 청지기 사무를 계속하지
못하리라 하니]

예수님께서 가르침을 주는 제자들에게 전도의 일을 시켰는
데 말씀을 받은 제자들이 전도의 일은 하지 않고 자기 배만
불리며 안일(安逸)한 태도로 있는 모습을 영적으로 주인의 소
유를 허비한다고 비유한 말씀입니다.

그 사실이 드러나자, 청지기라고 하는 자가 주인으로부터
쫓겨나게 될 일이 발생하게 된 것입니다.

그렇다면 더 이상 주인으로부터 가르침 즉 재물을 받을 수
없게 될 것을 예상하고 영적으로 자기가 구원받을 방법을 강
구 하는 상황입니다. 하나님의 말씀은 모두 비유로 기록이
된 말씀입니다. 이 말씀에서는 믿음을 재물로 비유하고 있습
니다. 또 가르침도 재물로 또 기도도 재물로 비유합니다. 하
나님의 나라에서는 사람들이 사용하는 은이나 금이나 돈은
사용하지 않습니다.

하늘나라 재물은 모두 사람들의 입에서 나오는 소리를 재
물 또는 사람 또는 짐승이라고 합니다. 청지기는 제자들을 비
유한 말씀입니다. 하나님의 뜻은 영적이기 때문에 비유가 아
니면 말씀을 낼 수가 없다고 합니다. 성경의 모든 말씀은 비유
로 기록이 되어있다고 합니다. [마태복음 13장 33, 34절]

[3. 청지기가 속으로 이르되 주인이 내 직분을 빼앗으니 내가

무엇을 할꼬 땅을 파자니 힘이 없고 빌어먹자니 부끄럽구나]

청지기 즉 제자들이 예수님으로부터 쫓겨난다면 누구에게로 가서 그 기이한 말씀을 배울 수가 있을까 고민한다는 뜻을 비유로 기록한 말씀입니다.

하나님의 아들이 된 자에게 말씀을 받을 수 없게 되면 하늘나라로 갈 수가 없어서 어떤 방법을 써서라도 청지기 직분을 계속 지키려는 생각을 갖고 고민한다는 의미입니다.

성경적 땅이라고 하는 말씀을 깨닫기 위해서 신앙적으로 이마에 땀이 흐르도록 고생해야 성경적 땅을 깨달을 수가 있다고 합니다. 하나님께서 말씀하신 땅이라는 비유 말씀하나 깨닫기가 심마니가 깊은 산에 들어가 산삼 찾기보다 어렵다고 합니다.

사람들이 농사짓는 땅이 아니기 때문입니다. 그 청지기가 땅을 파자니 힘이 없고! 비유한 뜻과 빌어먹자니 부끄럽구나! 그 의미는 하나님의 말씀이 이루어진 자에게 가르침을 받지 못하고 쫓겨나게 되면 다시 이루어진 자를 찾아서 배워야 구원을 받고 지옥을 면하게 되는데 이루어진 자를 찾아다니는 일 자체가 어렵다는 뜻으로 땅을 파자니 힘이 없고, 즉 하나님의 뜻을 깨달을 지혜가 없다는 의미입니다. 사람들이 농사짓는 세상 땅이 아닙니다.

빌어먹자니 부끄럽구나: 부끄럽다는 의미는 부자라고 비유한 자에게 받은 구원의 말씀 외에는 구원받을 말씀이 없는데 그 말씀에서 쫓겨나게 되면 또 다른 선생님을 찾아 배워야 하는데 부잣집 청지기로 명예가 좋았던 자가 걸인이 된다면 이웃들에게 조롱을 당하게 되므로 자존심이 상하게 된다는 뜻입니다.

하나님의 정도 말씀이 아니면 모든 신앙생활은 허사가 되므로 구원을 받을 수가 없게 됩니다. 부끄럽다고 한 말씀은 구원에 들지 못하면 이곳저곳을 찾아다니며 말씀을 빌어먹다가 지옥으로 돌아가기 때문입니다.

인간 시대의 사건이 아니라 영원한 생명 시대의 사건입니다.

[4. 내가 할 일을 알았도다 이렇게 하면 직분을 빼앗긴 후에 저
희가 나를 자기 집으로 영접하리라 하고]

내가 할 일을 알았도다: 청지기가 하나님의 말씀 하나를 발견하게 된 것입니다. 그 말씀은 바로 빚을 탕감해 주는 자비입니다. 청지기가 부자 주인에게 쫓겨나기 전에 주인에게 배운 탕감 지혜를 사용하여 인심이나 쓰자 그러면 자기에게 은혜를 입은 자들이 자기가 곤란한 지경에 이르게 되면 저들이 자기를 도와 줄 것으로 생각하게 된 것입니다.

성경적이기 때문에 사람들의 상식과는 비교할 수가 없습니다.

[5. 주인에게 빚진 자를 낱낱이 불러다가 먼저 온 자에게 이
르되 네가 내 주인에게 얼마나 졌느뇨
6. 말하되 기름 백 말이니이다 가로되 여기 네 증서를 가지고

빨리 앉아 오십이라 쓰라 하고]

　그 주인이라고 한 부자에게 구원의 말씀을 배운 자들을 불러 말씀을 얼마나 깨달았는지 그 과정을 비유로 얼마나 졌느뇨 라고 한 말씀입니다.

　구원의 말씀을 배운 자들은 하나님께 영광을 돌리는 일을 해야 하는데 하지 않고 자기 실속만 챙긴다는 의미로 빚진 자라고 비유한 말씀입니다.

　먼저 온 자: 성경적 먼저 온 자 아담이 타락한 후에 하나님의 율법이 먼저 온 자가 되고, 그 율법을 행하는 자가 또 '먼저 온 자'가 되는 것입니다. 성경적입니다. 이 세상 사건들이 아닙니다.

　창조주의 뜻 안에서 율법은 창조주께 영광을 돌리는 순리를 가르쳐 주는 몽학 선생 노릇을 하는 법입니다.

　그 법을 수료하고 그 율법에서 빠져나와야 합니다.

　하나님의 법을 지키는 자들을 낱낱이 즉 하나도 빠짐없이 불러다가 먼저 온 자에게 이르되 주인에게 빚이 얼마나 졌느냐?

　기름 백 말이니이다: 빚진 자가 말하는 기름은 하나님의 법을 온전히 지켰다는 의미입니다. 기름이 백 말이면 하나님의 아들이 되어야 하는데 그렇지 못한 것은 빚진 자가 율법을 기름으로 착각하고 율법을 온전히 행했다는 뜻으로 기름 백 말이라고 대답하게 된 것입니다. 청지기가 왜 오십으로 탕감해 주게 되었느냐 하면 하나님의 율법을 온전히 행하면 오십이 됩니다.

율법은 기름이 아니라 영적으로 어떤 더러운 부분을 씻는 물입니다. 율법이라는 물로 온전히 깨끗하게 되었다는 의미를 기름 백 말이라고 말한 것입니다. 기름 백 말은 믿음을 이루어 성령을 받을 수 있는 자들에게 해당이 됩니다.

이 비유의 말씀은 예수님께서 제자들의 믿음이 온전치 못한 과정을 고쳐주는 말씀입니다. 백은 성령을 의미하고 오십은 율법을 의미합니다. 잘 못 믿고 있는 제자들의 믿음을 바로 고쳐주는 말씀입니다. 하나님의 율법을 수료하면 오십 또는 오백이 됩니다.

다음으로 예수님의 말씀을 이루면 오십이 백이 되는 것입니다. 그 오십이라는 수를 백으로 알고 다 된 것처럼 안주하게 되면 구원받을 수가 없습니다. 그러므로 청지기가 잘못 알고 있는 빚진 자의 그 백을 오십으로 내려 준 것입니다. 청지기가 일을 잘한 것입니다.

율법의 백은 성령을 받을 수가 없습니다. 왜냐하면 그릇에 꽉 차 있기 때문에 여유가 없어서 성령이 임하지 못합니다. 율법을 수료하면 또다시 성령을 받기 위해서 영적으로 고난의 시대가 시작됩니다.

그 믿음으로 고난의 시대를 끝내게 되면 성령을 잉태하기 위해서 성경적 처녀가 되는 것입니다. 사람의 처녀가 아니라 믿음으로 깨끗해진 하늘나라 처녀입니다. 모두 그리스도의 믿음으로 되는 것입니다. 예수님 자신이 그 과정을 수료했기 때문에 비유로 제자들에게 말씀하고 있습니다. 성경적 구원받기가 쉽지가 않습니다.

그러나 사람들 말로는 예수만 믿으면 구원을 받은 것처럼 생각하게 된다고 합니다. 그렇게 생각하는 사람들은 실제로 구원받기가 불가능하게 됩니다.

[7. 또 다른 이에게 이르되 너는 얼마나 졌느뇨 가로되 밀 백 석이니이다 이르되 여기 네 증서를 가지고 팔십이라 쓰라 하였는지라]

밀 백 석: 성경적 밀이라 함은 어떤 말씀을 비유로 밀이라고 했을까? 밀 백 석이면 안식일이 되었다는 뜻입니다.

안식일이 된 자는 일을 해야 합니다. 그 일이 바로 팔십이라는 수로 비유하고 있습니다. 성경적 안식일은 우리가 지키는 칠 일에 한 번씩 돌아오는 일요일이 아닙니다. 하나님의 뜻을 이룬 자를 안식일이라고 합니다. 즉 존재성을 띠고 있습니다. 예수님도 자신이 안식일의 주인이라고 말씀하셨습니다.

팔십은 안식일 다음 날을 의미합니다. 칠일 안식일이 된 자는 팔 일째가 되면 하나님의 일을 해야 합니다. 예수님께서 말씀 전하는 과정이 바로 팔십이라는 수에 해당이 됩니다. 복음을 전하는 과정을 팔, 또는 팔십이라고 합니다. 왜냐하면 성경적 칠이나 칠십은 하나님의 뜻을 모두 이루고 쉬는 날이 됩니다. 그래서 안식일이라고 합니다.

그다음은 팔이나 팔십이 됩니다. 그때 안식일이 된 자는 하나님의 말씀을 전하는 일을 하게 되는 것입니다. 성경적 안식일은 시간과 날짜가 아니라 하나님의 뜻을 이룬 자를 안식일 또는 날이라고 합니다.

성경은 숫자를 비유로 구원받는 과정을 깨닫게 해 주고 있습니다. 백을 팔십이라고 내려 준 이유는 하나님의 일을 하라는 명령입니다. 그러므로 불의한 청지기가 일을 잘하게 된 것입니다.

오늘날 예수를 믿는 사람들이 예수를 믿으라고 전도 하는 사람은 성경적 밀이 팔십이 된 자들입니다. 그 사람들의 영적 숫자로 본다면 팔이나 팔십이 됩니다. 바로 하나님의 말씀을 깨닫고 안식일이 된 자들입니다.

예수를 믿으라고 전하는 것은 옳지만 본인이 이루어져 하늘나라를 보는 자라면 큰 영광이 되고 이루지 못한 사람이 예수를 믿으라고 전하는 것은 그 또한 외식하는 자가 됩니다. 왜냐하면 하나님의 뜻을 모르고 전하는 소리기 때문에 외식이 됩니다. 예수는 반드시 알고 전도해야 합니다. 예수를 모르고 믿는 것이 아니라 믿기 위해 찾아서 보고 확인하고 믿어야 합니다. 예수님은 언제나 오늘날 구원의 말씀입니다.

2,000년 전 구원자가 아닙니다. 다만 다른 이름으로 오셨기 때문에 아무나 볼 수가 없습니다. 반드시 찾는 자들에게만 인식하게 되는 하나님께서 보내신 자 오늘날 구원의 말씀입니다.

[8. 주인이 이 옳지 않은 청지기가 일을 지혜 있게 하였으므로 칭찬하였으니 이 세대의 아들들이 자기 시대에 있어서는

빛의 아들들보다 더 지혜로움이니라]

세속적인 청지기라면 부자 주인에게 더욱 혼쭐이 나야 합니다. 그리고 두들겨 맞고 월급도 못 받고 멀리 쫓겨나야 합니다. 왜냐하면 주인의 소유를 청지기가 주인의 허락도 없이 자기 멋대로 빚진 자들을 탕감해 주었기 때문입니다. 그런데 예상 밖으로 부자 주인이 청지기를 칭찬하게 된 것입니다.

성경적으로 인류는 창조주에게 빚을 지고 있습니다. 즉, 세상에 태어나게 해준 일과 세상에 태어나 육체로 살아가게 해준 은혜가 모두 조물주에게 채무가 됩니다.

부자의 청지기가 빚 오십으로 내려준 것은 주인의 뜻을 가르쳐 준 의미이고 또 팔십으로 내려 준 것은 주인의 일을 하도록 가르쳐 준 의미입니다. 그러므로 이 세대라고 비유한 청지기의 세대는 지혜로운데, 예수님을 쫓아다니는 제자들은 세상 빛으로 오신 예수님의 말씀을 배우면서 하는 일은 없고 빛인 예수님의 말씀만 따먹으며 졸졸 따라다니고만 있다는 뜻의 비유입니다.

[9. 내가 너희에게 말하노니 불의의 재물로 친구를 사귀라 그리하면 없어질 때에 저희가 영원한 처소로 너희를 영접하리라]

예수님께서 제자들에게 불의의 재물로 친구를 사귀라 즉 세속적이라면 비리로 취한 재물 즉 돈이나 금이나 은이나 값어치가 있는 것을 갖고 친구들을 사귀라 이렇게 이해하게 됩니다.

성경적 불의는 율법적으로 잘못된 믿음을 불의한 재물이라고 합니다. 그 잘못 믿고 있는 불의한 믿음을 예수님의 말씀으로 고침을 받고 예수님을 친구로 사귀어 구원을 받아 천국을 이루라는 말씀입니다. 그 잘못된 율법적 믿음을 불의한 재물이라고 비유했기 때문에 이해하기가 쉽지가 않습니다. 예수님의 말씀과 그 제자들의 믿음과 화합이 되지 않고 있다는 뜻입니다. 그러므로 제자들의 율법적 믿음은 불의한 재물이 되는 것입니다.

율법은 믿는 것이 아니라 다듬어서 옮기는 기구입니다. 하나님의 나라에서는 믿음과 기도를 재물이나 은과 금으로 비유합니다.

예수님으로부터 말씀을 받은 자는 그 말씀을 이웃들에게 전해야 합니다. 그렇지 못하면 불의한 재물이 됩니다. 왜냐하면 말씀을 받았으면 그 말씀 값을 반드시 해야 합니다. 하나님의 뜻입니다. 그러므로 달란트 비유로 기록이 된 것입니다.
[마태복음 25장 16~18절]

[10. 지극히 작은 것에 충성된 자는 큰 것에도 충성되고 지극
    히 작은 것에 불의한 자는 큰 것에도 불의하니라]

지극히 작은 것에 충성: 지극히 작다는 뜻은 하나님의 법을 하찮게 여긴다는 뜻입니다. 왜냐하면 인간적으로 일상생활에

도움이 되는 돈이나 금이나 은이 아니고 기이한 말씀이기 때문에 이해하기가 어렵다 보니까 지극히 소홀하게 여기게 된다는 말씀입니다.

그래서 각 사람들이 자기들의 유익한 대로 말씀을 만들어 믿는다고 합니다. 세상을 좋게 하려는 하나님의 말씀은 웅장하고 거룩하게 보이며 화려한 반면에 진짜 생명인 영혼에게 복된 하나님의 말씀은 희미하게 보일뿐더러 초라하기 때문에 찾는 이가 없다고 합니다. 예수님의 구원 말씀은 육신 생활에 도움이 되지 못하는 것 같이 느껴지지만 받아들이고 깨닫기만 한다면 그보다 더욱 도움 되는 보화는 없다고 합니다.

그러나 이해하기가 어렵기 때문에 말씀을 올바로 이해하지 못하고 사람들에게 유익한 대로 말씀을 만들어 믿고 있다고 합니다. 예수님께 말씀을 듣는 자들이 말씀을 이해 못한다고 하지를 않고 작은 것으로 비유하여 말씀하고 있는 것입니다. 왜냐하면 하나님의 말씀은 육신에 속한 재물의 복이 아니기 때문입니다. 사람들은 육신에 속한 명예와 재물의 복을 원합니다.

그 작은 것이라 함은 바로 생명으로 가는 길을 뜻합니다. 사람들이 자기의 생명을 모르면서 인생을 살아가고 있습니다. 성경적으로 작은 믿음이 이루어지면 큰 것으로 변하게 됩니다. 그러므로 겨자씨만한 믿음으로도 비유하고 있습니다. 모르고 믿던 믿음이 이루어지면 황홀한 천국이 됩니다.

[11. 너희가 만일 불의한 재물에 충성치 아니하면 주가 참된

것으로 너희에게 맡기겠느냐]

　너희가 만일 불의한 재물에 충성치 아니하면: 앞에서도 말한 바와 같이 성경적 불의한 재물은 잘 모르고 믿는 율법 믿음과 예수님의 말씀을 받고 그 말씀을 자기 것으로 챙기게 되면 불의한 재물이 됩니다. 세속의 불의한 재물이 아닙니다.

　그 율법에 충성되게 해야 예수님의 말씀을 깨닫게 되므로 불의한 율법 믿음이 거룩하게 되어 영원한 복을 받게 된다는 말씀입니다. 그 의미를 불의한 재물이라고 비유한 말씀입니다. 그러나 제자들은 그 불의를 모르고 있는 상태입니다.

　그들을 성경에서 앉은뱅이라고 비유하고 있습니다.

　율법이나 교리로는 구원을 받을 수가 없습니다.

　그러므로 불의한 것 또는 작은 것이라고도 합니다.

　예수님의 말씀도 이해 못할 때는 작은 것이 됩니다.

　구원이 없다는 뜻으로 작은 것 또는 불의하다고 한 말씀입니다. 불의하고 작은 율법에 충성하고 벗어나게 되면 영적 처녀가 됩니다. 다음으로 성령이 잉태됩니다. 그러므로 일차적으로 구원을 받으려면 그 구원 없는 작고 불의한 율법을 수료하고 나와야 합니다. 구원이 없다는 뜻으로 작은 것 또는 불의한 것이라고 비유한 말씀입니다.

　사람의 상식적으로는 이해할 수 없는 사건입니다. 충성이라는 뜻은 믿음으로 율법에 대한 열심히 하고 그 율법을 졸업하고 나오면 성령이 잉태된다는 말씀입니다.

그 시점을 깨끗하고 하얀 처녀 마리아라고 합니다.

하나님의 율법을 졸업하게 하는 자는 바로 예수 그리스도입니다. 예수 그리스도가 나타나지 않는다면 그 율법에서 벗어날 수가 없습니다. 예수 그리스도는 율법에 매여있는 자들의 곁을 떠난 적이 없습니다. 그러나 율법이나 교리에 매여있는 자들이 예수를 영접하는 것이 아니라 영적으로 핍박하며 죽이고 있다고 합니다.

사람의 생명은 역사가 없습니다. 그러나 성경을 기록한 역사는 있습니다. 실제로 구원을 받은 자들은 하나님의 나라를 보게 됩니다. 어떤 자들의 말로 구원받았다고 한다면 그들은 이미 XXX로 일침을 받는 자들이 됩니다. 인생의 삶은 길지가 못합니다.

곧 그날이 돌아옵니다. 모두 성경적이며 영적입니다. 겉으로는 나타나지 않는 예수 그리스도의 말씀 세계입니다.

[12. 너희가 만일 남의 것에 충성치 아니하면 누가 너희의 것을 너희에게 주겠느냐]

남의 것: 사람 생각으로 느낀다면 타인의 물건에 충성을 잘 하라는 말씀과 같이 이해하게 됩니다. 남의 것에 충성해야 내 것도 내 것이 된다는 말씀과 같이 이해하게 됩니다.

성경적 예수님의 말씀과 세속에 사람들의 지식이나 상식과는 잘 소통이 되지 않는다고 합니다. 사람들이 몰라서 그렇지 예수님의 말씀과 사람들의 지식과는 서로가 원수 관계가 된다고 합니다. 하나님의 율법은 구원은 없지만 구원받을 수 있는 길이기 때문에 믿는 자들이 반드시 거쳐야 하는 순리입니다.

그게 바로 예수님께서 말씀하시는 작은 것입니다. 율법을 지키는 자들에게 예수님의 말씀은 남의 것이 됩니다. 그래서 율법이나 교리로는 구원받을 수가 없어서 구원을 받으려면 남의 것. 즉, 예수님의 말씀에 충성해야 한다는 말씀입니다. 율법은 비유로 검도 되고 돌도 되고 불도 되고 물도 됩니다.

그 율법으로 연단을 받은 자가 예수 그리스도입니다.

예수님은 하늘나라 말씀을 하시고 사람은 세상 말로 듣는다고 합니다. 하늘나라 말씀과 세상 사람들의 지식과 혼인할 수가 없다고 합니다. 예수님의 말씀으로 구원받으려면 남의 것이 되는 예수님의 말씀에 충성하라는 말씀입니다.

너희라는 자들과 예수님과 사이는 먼 남남 관계가 됩니다. 즉, 원수 관계도 될 수가 있다고 합니다. 성경적 예수님의 말씀을 깨닫고 지키기 전에는 믿음이 아무리 좋다고 해도 말씀을 모르면 결과에 가서는 원수 관계로 변신하게 됩니다.

그래서 네 원수를 사랑하라고 하신 말씀이 기록이 된 것입니다. 세상 사람들끼리 원수가 아닙니다. 예수님의 말씀은 너희들에게 즉 남의 것이 되는 것입니다. 구원받으려면 그 남의 것에 충성하라고 한 말씀이다. 세상 사람들, 남의 물건이 아니라 영적 남의 것입니다. 예수님의 말씀을 이해 못하면 그 말씀이 남의 것이 되는 것이다.

[13. 집 하인이 두 주인을 섬길 수 없나니 혹은 이를 미워하고 저를 사랑하거나 혹 이를 중히 여기고 저를 경히 여길 것이니라 너희가 하나님과 재물을 겸하여 섬길 수 없느니라]

집 하인이 두 주인을 섬길 수 없나니: 사람은 모두가 조물주의 피조물이 됩니다. 사람이 조물주 외의 또 어떤 것을 섬기는 것은 창조주 하나님께 큰 죄를 범하게 됩니다.

비유하여 재물은 무엇일까? 바로 하나님 외의 믿음을 의미합니다.

자신도 섬기고 하나님도 섬기고 한다면 어느 한쪽이 저주를 받게 되는데 그 저주를 받는 쪽이 바로 재물로 비유한 하나님의 뜻이 아닌 어떤 믿음과 기도라고 합니다.

왜냐하면 육체라는 존재는 수명이 다하면 사라지게 되기 때문이라고 합니다. 그러므로 구별을 잘해서 섬기라는 말씀입니다.

각 사람의 육체는 스스로 섬겨지게 되지만 하나님을 섬기는 일은 특별히 선택해야 합니다. 생물은 모두 하나님께서 주장하십니다. 그 은혜로 각 사람들이 인생의 한때를 살아가게 되는 것입니다. 자신을 위해서 재물을 쌓아두고 하나님을 위해서도 재물을 쌓아둔다면 모두 버림을 받게 된다는 말씀입니다. [눅 12장 21절]

재물은 즉 믿음의 비유입니다. 세상 재물이 아닙니다. 성경적 재물은 생명을 대변하는 믿음과 기도를 재물이라고 합니다. 세상에 있는 금이나 은이나 돈을 재물이라고 한 말씀이 아닙니다. 각 사람들에게 심어진 생명을 땅, 또는 하늘이라고도 칭합니다. 각 사람들이 하나님께서 주신 자기 생명이 땅도 되고 하늘도 된다는 것을 모르고 있다고 합니다. [이사야 1장 2절]

저 높고 푸른 하늘을 칭한 말씀이 아니라는 것부터 깨닫는 것이 유익합니다. 예수의 말씀을 깨달은 사람들의 생명은 하늘입니다.
모든 사람의 생명은 위대한 하늘이 되어야 한다는 뜻으로 비유한 말씀입니다. 하나님의 뜻에 비쳐 본다면 구원 없는 믿음과 기도와 예배를 비유로 불의한 재물이라고 합니다. 또는 악이라고도 합니다.

앞의 내용은 예수님의 제자들에게 들으라고 한 말씀입니다. 제자들은 하나님의 말씀을 받는 자로서 이웃을 위해 그 말씀을 나누어야 하는데 청지기처럼 주인으로부터 받은 재물 즉 말씀을 자기 것처럼 사용한다는 뜻을 허비한다. 또는 불의의 재물로 비유한 말씀입니다. 하나님의 말씀을 자기 것으로 챙긴다면 불의한 재물이 됩니다. 하나님의 말씀을 받은 자는 이웃들에게 나누어 줘야 합니다. 그렇지 못하면 자기를 섬기는 재물이 되면서 죄로 변하게 됩니다. 그러므로 불의한 재물이 되는 것입니다.

　성경에 기록된 모든 말씀과 예수 그리스도께서 하시는 말
씀가운데 가장 핵심이 되는 영원한 생명을 아는 사람은 별로
없다고 봅니다. 사람의 생명은 천하보다 귀하다고 합니다.

" 야곱의 돌베개 "

[창세기 28장 22절. 내가 기둥으로 세운 이 돌이 하나님의 전
이 될 것이요 하나님께서 내게 주신 모든 것에서 십 분의 일
을 내가 반드시 하나님께 드리겠나이다 하였더라]

사람을 창조하신 지존님의 뜻을 모르는 자들을 흑암 또는
어둠이라고 합니다. 왜냐하면 세상에 태어나게 해주신 그 공
을 모르기 때문이라고 합니다. 그리고 짐승이라고도 합니다.
그뿐만 아니라 돌, 나무, 산, 바다 등으로 비유하고 있습니다.
야곱이 베개하고 있던 돌도 비유입니다. 땅에 굴러다니는
돌이 아닙니다. 그 돌을 알면 각자 본인의 생명을 발견하게
됩니다. 돌은 영생을 합니다. 사람 안에 존재하는 가장 중요
한 부분을 모를 때 돌로 비유합니다. 돌은 죽음이 없습니다.
(무슨 뜻인지 눈치 빠른 사람은 바로 알게 될 것입니다.)
사람의 생명도 돌과 같이 죽음이 없습니다. 그러나 몸은 다름
입니다. 각자 자기 몸에 심어진 영원한 생명을 모르면 돌로 보
게 됩니다. 깨달아 알면 그 돌이 영원한 생명이 되는 것입니다.
야곱이 자기 생명을 모르기 때문에 돌이라고 하면서 그 돌
로 하나님께 언약의 기둥을 세운 것입니다. 그 돌에 대한 깨

달음을 받을 때까지 하나님의 전으로 세워놓게 됩니다.

하나님의 전으로 세워놓은 돌이 후일에 은혜로 깨달아 생명으로 나타나면 하나님께 십일조로 드리게 됩니다. 야곱이 하나님께 드리겠다고 약속한 십일조를 아는 사람은 지극히 귀합니다. 왜냐하면 하나님께서 주신 것 중에서 열에 하나기 때문입니다. 야곱이 수고해서 벌어놓은 수입의 십일조가 아닙니다.

하나님께서 야곱에게 주신 생명 중에서 그 어떤 것, 하나입니다. 그 십일조만 하나님께서 받으십니다. 모두 영적 생명에 대한 말씀이기 때문에 각기 자기 생명을 알 때까지 믿음을 갖고 찾는다면 어느 때가 돼서 그 생명을 발견했을 때 그중에 하나를 하나님께 십일조로 드리게 되는 것입니다. 모를 때는 그 생명이 돌로 보입니다. 모르던 돌이 생명으로 알게 되면 십일조가 됩니다. 그 하나만 하나님께서 십일조로 받습니다.

오늘날, 야곱의 십일조를 확실하게 아는 기독교인은 없다고 봅니다. 야곱이 할 수 없는 것은 모두 여호와의 작품입니다.

하나님의 뜻을 깨달았을 때 그중 하나를 하나님께 드리겠다는 말씀입니다. 모든 사람이 각기 자기 생명을 인식하지 못하고 인생을 살아가고 있는 것입니다. 즉 잃어버린 생명을 돌로 비유한 말씀입니다. 사람들은 야곱의 십일조를 사람이 수고해서 얻는 재물의 십일조로 알고 있는 것입니다. 사람이 수고해서 얻은 수입의 십일조는 본 교단의 운영하는 사람이 받는 제물이 되고 하나님께서 받으시는 십일조가 아닙니다. 하나님께 드리는 십일조를 드려야 하는데 예수를 믿는 사람들이 외면하고 드리지 않는다고 합니다. 왜냐하면 하나님의 뜻을 알려고 하지 않기 때문이라고 합니다. 가르치는 자들이 야곱의 돌도 모르고 야곱의 십일조도 모르면서 선생님 노릇을 하고 있다고 합니다. 그러므로 하나님께서 받으시는 십일조를 올바로 가르쳐 주는 지도자도 없고 올바른 십일조를 드리는 자도 없다고 합니다.

그래서 문자적으로 믿고 문자적으로 예배를 드리게 되는 것입니다. 문자적 예배를 말라기에서 똥이라고 책망하고 있습니다. 요한복음에서는 썩을 양식이라고 지적합니다. 왜냐하면 구원이 없기 때문입니다.

고린도전서에서는 썩을 것이라고 기록이 되어있습니다.

각자 본인의 생명을 잃어버렸어도 전혀 느끼지 못한다고 합니다. 성경에서 그런 인생들을 흑암이라고 비유하고 있습니다. 또는 죽은 자라고도 합니다.

" 십일조의 목적 "

　　성경 말씀으로 창조주 하나님께 예배드리는 자의 수고를 보답하기 위해서 내는 십일조는 가르침을 받는 자의 도리지만, 생명을 창조하신 조물주와 사람의 재물과는 아무런 관련이 없는 십일조가 됩니다. 사람이 사용하는 재물의 십일조를 하나님께서 받으시는 십일조로 믿는 자들은 구원을 받을 수가 없고, 하나님께서 받으시는 십일조를 말씀에서 찾아 드려야 확실한 구원을 받게 됩니다. 구원을 받으면 성경적 하늘나라를 보게 됩니다.

[마태복음 23장 23〜25절

23. 화 있을진저 외식하는 서기관들과 바리새인들이여 너희가 박하와 회향과 근채의 십일조를 드리되 율법이 더 중한바 의와 인과 신은 버렸도다 그러나 이것도 행하고 저것도 버리지 말아야 할지니라

24. 소경된 인도자여 하루살이는 걸러내고 약대는 삼키는도다

25. 화 있을진저 외식하는 서기관들과 바리새인들이여 잔과 대접의 겉은 깨끗이 하되 그 안에는 탐욕과 방탕으로 가득하게 하는도다]

서기관과 바리새인은 바로 하나님의 법을 준수하는 자들을 의미합니다. 그런데 하나님의 법을 올바로 준수하지 않고 다른 의식을 만들어 섬기고 있다는 예수님을 책망하는 말씀입니다. 그렇다면 오늘날 하나님을 경배하며 예수를 믿는 사람들은 올바른 예배를 드리고 있는지 살펴봐야 합니다.

성경의 말씀은 역사가 없는 오늘날 사람들에게 적용되는 진리의 말씀이라고 설명한 바가 있습니다. 다만 비유로 기록이 되어있기 때문에 이해하기가 어려울 뿐입니다.

박하와 회향과 근채와 십일조는 문자 그대로가 아니라 비유입니다. 박하와 회향과 근채는 영적인 기쁨으로 드리는 찬양을 의미합니다. 십일조는 하나님께 어떤 빚을 갚기 위해서 드리는 진실한 기도를 의미합니다. 그런데 서기관과 바리새인들이 드리는 제물들이 하나님께 드리는 제물이 아니라 모두 사람들만 좋게 하는 말씀 즉 제물을 갖고 하나님께 드리고 있다는 예수님의 말씀입니다. 사람을 좋게 하려는 제사를 드리는 것은 봐줄 수가 있지만, 하나님께 드려야 할 제물은 왜 외면하고 버렸냐고 책망하는 예수님의 말씀입니다. 하나님께 드려야 할 제물은 진실한 의와 인과 신이라고 합니다.

'의'는 원문 성경 헬라어 크리시스, 즉 공정한 재판이라는 뜻이고, '인'은 엘레오스 긍휼과 자비라는 뜻입니다. '신'은 피스티스 신뢰. 즉, 그리스도의 진리에 대한 확신이라는 뜻입니다. 하나님께서 사람들에게 베푼 거룩한 긍휼과 자비를 외면하고 서기관들과 바리새인들의 유익한 방법으로 하나님의 율법을 변질하여 제사를 드리고 있기 때문에 예수님께서 책망하고 있는 것입니다. 그렇다면 오늘날 교회에서 드리는 예배는 의와 인과 신의 예배를 드리고 있는지 아니면 하나님의 율법을 변질한 교리 예배를 드리고 있는지 당사자들이 살펴봐야 합니다.

왜냐하면 하나님은 일점일획도 그의 뜻을 벗어난 제사는 받으시지를 않기 때문입니다. 그러므로 예배를 드리는 자들이 올바로 진행하지 못하면 헛수고 예배가 됩니다.

위의 말씀에 대한 의미를 아는 기독교인은 없다고 봅니다. 왜냐하면 예수님께서 절대적으로 책망하는 말씀이기 때문에 예수를 믿는 자들이 모르면 남의 말로 돌려 버리게 됩니다.

성경 말씀은 과거 말씀도 아니고 미래 말씀도 아닙니다. 오늘날, 각 사람들에게 적용되는 생명에 대한 말씀이기 때문에 생명은 역사가 없습니다. 언제나 나야나의 생명이 됩니다. 말씀이 이루어진 자와 그렇지 못한 자의 차이는 오고 갈 수 없는 구렁이 가로막고 있습니다.

오늘날, 하나님의 말씀을 기록하는 서기관이 있고 바리새인이 있습니다. 누구인지는 몰라도 하나님의 뜻에 합당한 예배가 아니고 사람을 위한 예배만 교회에서 드리고 있는 것입니다.

하나님께서 원하시는 예배를 드리는 교회는 없다고 합니다.

하나님께서 받으시는 제물은 생각조차도 못 하고 예배만 의식적으로 행한다는 말씀입니다. 문제는 하나님의 율법을 따르지 않고 사람들이 만든 교리로 예배드린다고 합니다.

박하와 회향과 근채라고 한 비유의 말씀은 찬양과 기도를 의미합니다. 하나님을 섬기는 자들이 찬양과 기도와 제물의 십일조는 드리는데 하나님의 뜻을 알고 드리는 예배가 아니라 의식적으로 드리고 있다는 말씀입니다. 하나님을 기쁘시게 하는 십일조 제물을 드리는 예배가 아니라 사람을 기쁘게 하는 어떤 의식을 만들어 행하고 있다고 합니다.

의와 인과 신의 말씀 안에 각기 생명에 대한 값이 담겨있습니다. 각자 생명에 대한 감사의 제물. 즉, 진실한 기도가 없다는 말씀입니다. 하나님께서 받으시는 제물은 사람들이 사용하는 물질이 아닙니다. 예수님께서 말씀하시는 '진실로 진실로'라는 기도입니다. 하나님께서는 '진실로 진실로'라는 기도만 받으십니다. 그 기도를 하나님께서 받으시는 제물이라고 합니다. 예수 믿는 사람들이 '진실로 진실로'라고 한 기도를 하는 사람도 없고 또 찾는 사람도 없다고 합니다. 성령의 말씀입니다.

그러나 기독교 밖에는 가뭄에 콩 나듯이 있다고 합니다. 예수님도 바리새인과 사두개인 밖에서 일을 하십니다. 오늘날 예수님도 기독교 밖에서 일을 하시고 계십니다. 그 사실을 아는 사람은 지극히 귀합니다. 기독교 밖에는 예수님의 말씀대로 거듭난 자도 있고 부활한 자도 있다고 합니다.

그러나 그 사실은 기독교인들은 절대로 모르고 있습니다.

그 사실을 드러내면 대번에 이단이라고 핍박하게 됩니다. 하나님은 만물들이 모두 자기 소유이기 때문에 세상 물질에

대한 욕심은 없고, 단 사람의 생명에만 관심을 두고 살펴보
신다고 합니다. 그러므로 예수를 믿는 사람은 하나님의 뜻에
맞는 기도를 해야 합니다. 그 기도를 하나님께서 받으시는 십
일조라고 합니다.

그러나 일차적으로 사람이 받는 제물 십일조도 필요합니다.
그 십일조를 드린 자들이 다음에 하나님께서 받으시는 십일
조 기도를 하게 됩니다. 그 십일조를 드리게 되면 세상 물질
로 드리던 십일조는 마감하게 됩니다. 그리고 하나님께서 주
신 생명의 말씀을 받아 사람들에게 가르쳐 천국 백성이 되게
합니다.

된 자들은 천국을 보게 됩니다. 왜냐하면 성령을 받았기
때문에 성령의 말씀으로 하나님의 일을 하게 되기 때문입니
다. 일차로 드리는 세상 물질의 십일조는 사람이 받는 십일
조기 때문에 그 신도의 형편에 따라 드려도 됩니다. 억지로
드릴 필요는 없습니다. 그러나 하나님께서 받으시는 십일조
는 완전하게 드려야 합니다. 그 생명의 십일조를 발견하기까
지 믿음이 영적으로 변화하고 변화하면서 성경적으로 42대
를 거쳐 변화되어 예수 그리스도가 탄생 된 것입니다. 믿음이
있는 자가 예수님으로부터 성령을 받았다면 성경적으로 42대
를 거쳐 성령을 받은 것과 같습니다.

세상 관습과는 다릅니다. 열 살 먹은 아이가 머리가 남달리
좋아서 초등학교, 중학교, 고등학교를 거치지 않고 바로 대학
교를 가는 것과 같습니다. 예수님께서 내가 속히 오리라 하신

말씀이 응하는 자에게 해당이 됩니다. 왜냐하면 예수님께서 42대를 수료하셨기 때문에 그 42대의 수료한 말씀이 믿음이 있는 자에게 주어진다면 받은 자는 42대를 수료하고 성령을 받은 것과 같습니다.

예수 그리스도께서 성령을 믿는 자에게 속히 주셨다면 받은 성도가 직접 42대를 거쳐 받은 것과 같습니다. 예수님께서 어렵게 42대를 수료한 생명의 말씀이기 때문에 받는 자가 42대를 거친 생명을 받으면 그도 또한 예수님과 같이 어려운 42대를 수료한 셈이 됩니다.

그러한 의미를 성경에서 대속이라고 기록되어 있습니다. 무턱대고 예수만 믿으면 예수님이 믿는 자들의 죄를 대신 지고 가기 때문에 구원을 받고 천국으로 간다고 가르치는 자들이 많다고 합니다. 요한계시록에서는 마흔두 달로 기록이 되어있습니다.

하나님의 뜻에 대하여 무식하게 똑똑한 자들은 예수만 믿으면 구원받고 천국에 들어간다고 거짓 증거를 하고 있다고 합니다. 예수님께서 받은 성령은 믿음이 있는 자에게 누구나 임하는 은혜입니다. 믿음이 있는 자가 지극히 귀하다고 합니다.

믿음의 머리는 OOO이 되고, 또 야곱의 돌이 되고 또 예수 그리스도의 말씀이 되는 것입니다. 믿음의 머리가 되는 OOO과 야곱의 돌을 깨닫기 위해서 예수 그리스도의 말씀을 믿는 것입니다. 예수 그리스도의 말씀 속에 그 비밀들이 담겨있기 때문입니다. 그러므로 예수를 믿는 사람들은 예수님의 말씀

을 깨닫고 성령을 받아야 합니다. 믿음의 답은 예수 그리스
도로부터 성령을 받고 하나님 나라를 보는 것입니다. 그 성령
을 받지 못하면 백 년을 믿어도 계명성의 무저갱으로 돌아가
게 됩니다. 성령의 말씀입니다.

성령을 받은 성도는 성경적 하늘나라를 보게 됩니다. 그리
고 하나님도 보고 그의 뜻을 확실하게 알고 지키게 됩니다.
성경의 말씀은 사람의 생각이나 지식으로 해석이 될 수 없는
기묘한 말씀이기 때문에 성령을 받은 자들만 실제로 구원자
가 됩니다. 그러므로 성경 말씀에서 자신의 생명을 찾기란 지
극히 어렵습니다. 찾은 자에게 말씀을 듣기 전에는 거의 불가
능하다고 봐야 합니다. 필자도 찾은 자에게 진리의 말씀을 듣
고 하나님의 은혜를 받아 성령을 받게 된 것입니다. 스스로
받은 것이 아닙니다.

[소경된 인도자여 하루살이는 걸러내고 약대는 삼키는도다.]
하나님께로 인도하는 자가 소경이라고 합니다. 왜 소경이라
고 하느냐면 하나님을 보고 또 하나님의 뜻을 알고 제사를
드려야 하는데 제사를 드리는 자가 하나님도 보지 못하고 그
의 뜻도 모르는 입장에서 드리는 의식이기 때문에 소경이라
고 책망하고 있는 것입니다. 오늘날 하나님께 예배드리는 제
사장들이 하나님을 보고, 또 그의 뜻을 알고 예배를 드리는
자는 지극히 귀하다고 봅니다. 예수 그리스도의 말씀에 비추
어 본다면 오늘날 하나님을 보고 그의 뜻을 알고 예배드리
는 교회는 없다는 말씀과 같습니다. 그러므로 약대로 비유한

말씀은 제사장의 말씀을 순종하고 십일조를 잘 내는 자들은
위로하며 잘 받아주고 그렇지 못하고 어렵게 살며 십일조의
규례를 지키지 않는 자들은 배재한다는 뜻입니다. [대접의 겉
은 깨끗이 하되 그 안에는 탐욕과 방탕으로 가득하게 하는도
다] 이 말씀은 비유입니다.

대접은 성경 문자적 말씀들을 의미하고 그 문자말씀으로
제사장의 겉모양은 깨끗하게 하는데 그 속셈은 하나님의 뜻
을 떠나 어떤 탐심이 가득하다는 뜻입니다. 그러므로 큰 이
득은 받아들이고 작은 것은 즉 하루살이는 걸러내어 배제한
다는 말씀입니다.

제물의 공덕

각기 사람이 믿는 교단에 십일조와 감사헌금을 많이 연보한 자는 복을 많이 받고 또 좋은 곳으로 가고 연보를 적게 낸 자는 복을 많이 받지 못해 취약한 곳으로 가는 것이 아닙니다.

하나님의 정도(正道)로 하여금 정신을 차린 신앙인과 그렇지 못한 허세 신앙인과 그 믿는 분량이 다르다고 성경에 기록이 되어있습니다. 하나님의 정도(正道)를 이루지 못한 사람은 종식하는 날에 혼미한 상태로 그 영혼이 어둡고 두렵고 고통스러운 터널로 들어가고, 그 정도를 이룬 사람은 그 영혼이 찬란하고 아름다운 낙원이라는 곳으로 돌아가게 됩니다.

필자가 본바 그 낙원이라는 곳은 비길 데가 없는 황홀한 곳이었습니다. 사람의 눈으로 보이는 세계와 눈으로 보이지 않는 세계가 존재한다는 것을 아는 사람은 별로 없다고 봅니다.

사람의 눈으로 보이는 세계는 인정하지만, 사람의 눈으로 보이지 않는 세계는 생각 밖의 일로 인정하지 않는 사람의 심리라고 봅니다. 또 누가 알고 가르쳐 준다 해도 하찮게 듣고 흘려버리는 것이 사람들의 습성이라고 합니다.

모든 생물은 보이지 않는 세계에서부터 보이게 만들어졌다고 합니다. 그러므로 눈으로 보이지 않는 세계를 예수 그리스도의 가르침으로 봐야 합니다. 필자는 하나님의 은혜로 하여금 보이지 않는 세계를 보게 되었기 때문에 이러한 글을 쓰게 된 것입니다.

예수 그리스도의 정도(正道)를 행하는 사람은 모두가 볼 수 있는 창조주의 세계입니다. 정도(正道)의 뜻은 ㅇㅇㅇ말씀을 의미합니다. 모든 사물은 원인이 있으므로 결과가 있는 것은 분명합니다. 그 원인을 깨닫고 이룬 사람을 의로운 남자 또는 의로운 딸이라고 하나님께서 칭하십니다.

그렇게 된 자들은 창조주의 세계를 보게 되므로 그 길을 따라 좋은 곳으로 가게 됩니다. 필자와 함께 계신 성령님의 말씀입니다. 그러나 이루어진 성도의 외모는 절대로 돋보이는 곳은 없습니다.

현재 그 모습 그대로입니다. 즉 못난 자는 못난 대로, 잘난 자는 잘난 대로, 단 창조주의 진리 말씀만 일반인과 다르게 다시금 그 심령에 심겨 있을 뿐입니다.

사람의 몸 안에 병이 들었을 때 겉으로 드러나지 않는 것과 같습니다. 정밀검사를 해 봐야 무슨 병인지 알게 되는 것과 같습니다.

사람은 다시금 의로운 하나님의 사내와 아름다운 하나님의 딸이 되어야 합니다. 각기 생명을 주신 영적 부모를 만나 경외해야 합니다. 기독교는 혼돈하는 종교라고 보이고, 가톨릭은 형식을 만들어 의식만을 행하는 종교라고 생각합니다.

불교는 신이 없는 종교가 되어있다고 합니다.

즉, 부모가 없는 고아 같다는 뜻이 아닌가 싶습니다. 그러므로 불교에 핵심이 되는 해탈이라는 변화의 시대는 멀리멀리 물 건너가 버렸다고 합니다.

모든 제사는 변화 받을 수 없는 무의미한 행사가 되었다고 합니다. 가톨릭이 사람의 생명을 만들어 낸 곳도 아니고, 기독교에서 사람의 생명을 만들어 낸 곳도 아니고, 불교에서 사람의 생명을 만들어 낸 곳도 아닙니다.

성경에 비추어 보게 되면 각인들이 자기를 보호해 주시는 절대 주인을 보면서 함께 살아가게 되어있습니다.

그런데 뭔지는 몰라도 보아도 보지 못하고 들어도 듣지 못한다고 기록이 되어있습니다.

그러므로 본인을 만들어 내신 주인을 찾아봐야 합니다.

[귀 있는 자는 들으라 하시니라 마 13:9]

각인이 자기를 보호해 주시는 생명의 주인을 모르고 살아가고 있는 것입니다. 그러나 보고자 찾는 자들만 찾게 되면서 보게 된다고 합니다. 사람 중에 어떤 사람이 번뇌와 갈등을 지워버리기 위해서 도(道)를 이루어보고자 출가를 하는 사람이 있다면 그 정도(正道)의 답은 바로 OOO말씀입니다.

그 OOO말씀을 깨닫고 지키면 많은 번뇌와 갈등이 치료가 됩니다. 성경에 예수 그리스도께서 말씀하신 '내 말이 길이요 진리요 생명이라.'라는 그 말씀이 바로 ○○○을 일컬어 하신 말씀입니다. 그 말씀을 깨닫기 위해서 신앙생활을 하게 되는 것입니다.

그 말씀을 깨닫고 지키며 인생을 살아간다면 더할 것이 없다고 합니다. 자기의 생명을 발견하고 이루어진 자는 마음의 평안을 영원토록 유지하게 됩니다. 조물주로부터 구별된 사람이 있다면 귀를 기울이시기를 바랍니다. 불교의 부처님을 만나보고 싶은 사람과 기독교의 예수 그리스토스를 만나보고 싶은 사람은 연락하시기를 바랍니다. 진심으로 성의 있게 인도하겠습니다.

사람들의 생각을 갖고 상상하고 있는 신비한 예수님도 아니고 신비한 부처님도 아닙니다. 일반적으로 보통 사람입니다. 다만 그의 가르침이 신비할 뿐입니다. 불교의 부처님이나 기독교의 예수님을 믿는 자들이 그 이름을 너무나 높이 올려놓고 신앙생활을 하기 때문에 변화를 받지 못하고 그 믿음이 도로 아미타불로 이어가게 됩니다. 예수님과 부처님은 일반인과 다른 점이 하나도 없다는 것부터 깨달아야 합니다.

단, 그의 말씀만 기이할 뿐입니다. 그의 말씀을 듣기 전에는 평범한 사람입니다. 평범한 사람으로 보여야 믿는 자들과 연결고리가 되어 서로 깨달아 동지가 되는 것입니다. 특별히 돋보인다면 그것은 구원자가 아니라 괴물입니다. 예수를 믿는 자들이 기다리는 예수는 특별히 돋보이는 괴물을 상상하며 믿고 있는 것입니다. 그러기 때문에 성경대로 이루어지지 못하고 마지막에 가서 공허한 심정으로 고통과 슬픔을 안고 천국에 들지 못하고 지옥이라는 곳으로 돌아가게 되는 것입니다.

돋보이는 예수를 상상하며 믿고 있는 기독교인이 수도 없이 많은 것은 사실입니다. 그러므로 실제 하나님께서는 그들 옆에 있어도 외면을 당하게 됩니다. 각기 자기들의 생각대로 믿기 때문입니다.

하나님은 진리의 말씀으로 사람들과 언제나 함께하고 계십니다. 이루어진 사람의 입으로부터 나오는 그 말씀이 믿음이 있는 자에게 심어지면 성령을 받게 됩니다. 듣는 자에게 이루어지면 영적으로 그의 생명이 부활이 되는 것입니다. 그러므로 깨달은 자와 연결이 되면 모르고 있던 구원과 천국이라는 곳을 알게 되면서 말씀을 전하는 자와 구원의 일꾼이 되어 동역자가 되는 것입니다. 생명을 주장하시는 성령의 말씀입니다. 돋보이는 예수나 돋보이는 부처를 기다리며 믿는 사람들은 이미 심판을 받고 지옥으로 돌아가는 날만 기다리며 세월을 보내고 있는 것입니다. 왜냐하면 각기 본인의 생명이 어디에 있는지도 모르고 또 찾을 생각조차 못 하고 또 어떤 사람의 유식한 말에 현혹되어 보지도 못하고 알지도 못한 어떤 유명한 이름만 듣고 믿기 때문입니다.

안타까운 현실입니다. 그 유명한 이름들이 영적으로 사람들 어느 곳에 생명으로 심어져 죽어 있습니다. 그 생명을 믿음으로 살려내야 합니다. 그런데 믿음으로 살려내지 못하고 많은 사람들이 믿고만 있는 것입니다. 믿음에 대한 순리를 가르치는 자가 없기 때문입니다.

[요한복음 5장 22~32절

22. 아버지께서 아무도 심판하지 아니하시고 심판을 다 아들에게 맡기셨으니

23. 이는 모든 사람으로 아버지를 공경하는 것 같이 아들을 공경하게 하려 하심이라 아들을 공경치 아니하는 자는 그를 보내신 아버지를 공경치 아니하느니라

24. 내가 진실로 진실로 너희에게 이르노니 내 말을 듣고 또 나 보내신 이를 믿는 자는 영생을 얻었고 심판에 이르지 아니하나니 사망에서 생명으로 옮겼느니라

25. 진실로 진실로 너희에게 이르노니 죽은 자들이 하나님 아들의 음성을 들을 때가 오나니 곧 이때라 듣는 자는 살아나리라

26. 아버지께서 자기 속에 생명이 있음과 같이 아들에게도 생명을 주어 그 속에 있게 하셨고

27. 또 인자 됨을 인하여 심판하는 권세를 주셨느니라

28. 이를 기이히 여기지 말라 무덤 속에 있는 자가 다 그의 음성을 들을 때가 오나니

29. 선한 일을 행한 자는 생명의 부활로 악한 일을 행한 자는 심판의 부활로 나오리라

30. 내가 아무것도 스스로 할 수 없노라 듣는 대로 심판하노니 나는 나의 원대로 하려 하지 않고 나를 보내신 이의 원대

로 하려는 고로 내 심판은 의로우니라

31. 내가 만일 나를 위하여 증거하면 내 증거는 참되지 아니
하되

32. 나를 위하여 증거하시는 이가 따로 있으니 나를 위하여
증거하시는 그 증거가 참인 줄 아노라]

[요한복음 5장 22절~32절]까지의 말씀의 핵심은 음성입니다.
하나님의 뜻을 모르던 자들이 하나님의 음성을 듣게 되면
각기 잃어버린 생명을 찾게 되므로 다시금 그 믿음이 변화된
다는 말씀입니다. 자기 생명을 모르는 자들을 죽은 자라고
합니다. 그렇다면 오늘날 각기 자기 생명을 아는 사람이 몇이
나 될까? 스스로 생각해 봐야 합니다.

성경 말씀을 하찮게 여기면 큰 죄인의 탈을 영원히 벗어날
수가 없습니다. 성경은 인류를 도우면서도 심판을 하는 생명
의 문서입니다. 절대로 하찮게 여기면 아니 됩니다. 수많은
사람들이 자신도 모르는 취약한 곳으로 달려가는 삶을 살아
가고 있습니다.

속히 깨달아야 합니다. 그리고 고침을 받아야 합니다. 성경
말씀에 비춰 본다면 모두 무덤 속에서 살아가고 있습니다. 성경
적 무덤은 생명을 주신 조물주를 모르고 살아가는 자들을 일
컬어 무덤 또는 죽은 자라고 합니다. 육체의 죽음이 아닙니다.

생명을 주신 조물주를 아는 자들이 별로 없다고 합니다. 성
경적 선한 일은 창조주 하나님을 보고 경외하며 공경하는 자

들을 일컬어 선하다고 하신 말씀입니다. 세상 사람들을 도와 봉사하는 일을 하는 자들을 선한 자라고 한 말씀이 아닙니다.

악한 일이라고 한 그 말씀은 하나님의 뜻을 모르고 신앙생활 하며 예배드리는 자들을 일컬어 하신 말씀입니다. 하나님의 뜻을 모르면서 섬기는 믿음과 예배들은 하나님께서 받으시는 것이 아니라 모두 우상에게 돌아가기 때문입니다. 사람이 사람을 위해 봉사하는 것은 참 좋은 일이지만 하나님의 뜻을 모르면 구원에 해당이 되지를 않습니다. 예수님께서 여러 가지 비유로 믿는 자들에게 말씀하시는 뜻은 모든 사람이 살아가는 그 삶이 너무나도 가련하게 보이기 때문에 좋은 곳으로 보내주기 위해서 애를 쓰고 있는 모습입니다. 오늘날, 현재 우리에게 주어지는 은혜의 말씀입니다.

사람의 일생을 창조주의 뜻에 비추어 보면 반나절이라고 합니다. 하루도 아니라고 합니다. 하루는 예수 그리스도의 말씀을 깨닫고 성령을 받는 자들만 영적으로 하루라고 합니다.

예수를 믿는 목적은 영적으로 하루가 되기 위해서 믿는 것입니다. 하나님의 뜻에 비추어 보면 모든 사람이 반나절 살다가 종식하게 됩니다.

예수 그리스도의 믿음으로 하루가 되어야 구원을 받게 됩니다.

[요한복음 11장 9~10절

9. 예수께서 대답하시되 낮이 열두 시가 아니냐 사람이 낮에

　　다니면 이 세상이 빛을 보므로 실족하지 아니하고

10. 밤에 다니면 빛이 그 사람 안에 없는 고로 실족하느니라]

예수님과 함께 다니면 낮이 되고 예수님과 떨어져 다니면 밤이 됩니다. 예수님과 함께 다니게 되면 성령을 받아 반나절이 하루가 되는 것입니다. 영적으로 본다면 그렇게 진행이 됩니다. 예수를 믿는 이유는 성령을 받아 영원한 하루가 되기 위함입니다.

모든 말씀은 사람에게 심어진 생명에 관한 말씀입니다. 다른 뜻은 없습니다. 사람에게 심어진 생명이 지옥으로 돌아가느냐 아니면 천국으로 돌아가느냐 그 문제를 놓고 변론하는 말씀들이 성경책입니다. 예수님께서 가르치는 말씀을 이해 못하면 모두 실족 상태가 됩니다. 그런 자들은 모두 지옥으로 돌아가게 됩니다.

[베드로후서 3장 8절, 9절
8. 사랑하는 자들아 주께는 하루가 천년 같고 천년이 하루 같은 이 한 가지를 잊지 말라
9. 주의 약속은 어떤 이의 더디다고 생각하는 것 같이 더딘 것이 아니라 오직 너희를 대하여 오래 참으사 아무도 멸망하지 않고 다 회개하기에 이르기를 원하시느니라]

주께는 하루가 천년 같고 천년이 하루 같은 이 한 가지를 잊지 말라: 예수 그리스도 우리 주님을 믿는 자들이 주님의 뜻을

속히 이루어야 하는데 그렇지 못하기 때문에 주님께서 믿는 자들이 온전히 이룰 때까지 기다리는 시간을 말씀하신 것입니다.

예수 그리스도께서 가르쳐주신 하나님의 뜻을 이루면 천년이 해결되고 또 못 이루면 천년으로 미루어지게 된다는 말씀입니다.

그 긴 천년을 예수님께서 참고 기다리는 이유는 믿는 자들 모두 멸망하지 않고 구원을 받게 하기 위함이라고 합니다. 그러므로 예수 그리스도를 믿는 자들은 속히 회개하고 예수님의 말씀을 이루어야 합니다.

예수 그리스도를 믿는 자들이 이룰 생각하지 않고 믿고만 있다고 합니다. 그 믿음의 뜻도 모른다고 합니다. 믿음이라는 뜻을 제대로 알고 있는 기독교인은 없다고 봐야 합니다. 예수님께서는 믿는 자들이 이루어지는 날을 기다리는 세월이 하루가 천 년 같은 지루함을 느낀다는 말씀입니다. 예수님의 말씀을 속히 깨달을 생각들을 하지 않고 다른 생각으로 여유를 부리고 있다는 말씀입니다. 그래도 예수님께서는 참고 기다리신다는 말씀입니다.

예수님의 말씀은 자기를 믿는 자들이 멸망하지 아니하려면 속히 깨달으라는 말씀입니다. 이 말씀은 성경에만 기록된 말씀이 아니라 오늘날 현재 살아서 진행하는 구원의 말씀입니다.

오늘날 신앙인들이 모르는 것은 예수나 부처를 격상시켜 놓고 믿기 때문에 각기 믿는 신앙이 빛을 보지 못하고 있는 것입니다. 결국에 가서는 그들의 믿음은 쫄딱 망해서 어둡고 구석진 터널 속으로 들어가게 됩니다. 그곳을 무저갱이라고 합니다. [눅 8:31, 계 9:2 무저갱]

예수나 석가모니는 평범한 사람입니다. 우리와 다를 바가 없는 존재입니다. 단 그의 가르침이 세상 지식과 다른 것뿐입니다. 그 가르침의 말씀들이 예수가 되고 석가모니가 되는 것입니다.

그의 말씀을 믿는 자들이 받아서 이루어 거듭나고 해탈해야 합니다. 오늘날 어떤 종교의 말씀들은 모두 의문으로 진행하고 있습니다. 그러므로 각기 본인의 생명을 잃어버리고 있어도 감각이 없이 살다가 의문사로 지옥으로 가게 되는 것입니다.

필자는 모 수도원에 있을 때, 어느 날 산에 올라가 기도하는 중에 생각지도 못한 기이한 분이 해와 같이 큰 불덩어리를 갖고 나를 태워버리려고 달려들 때 나는 깜짝 놀라 도망을 친 적이 있습니다. 그러고 나서 수도원 원장님과 상담을 해본 결과 그분의 말씀이 OOO될 것이니까 살펴서 살라고 권면을 하셨습니다.

세월이 지나간 후에 다시금 기도 중에 예수 그리스도께서 말씀하신 천국이라는 곳으로 들림을 받고 그곳을 보게 되었는데 참으로 찬란하기가 비길 데가 없는 곳이었습니다.

필자는 동료들에게 그 사실을 자랑도 하고 설명도 했으나 들는 자들은 자기가 체험한 사실이 아니기 때문에 귀담아들을 필요가 없다는 듯이 바라보았습니다. 이 말을 왜 하느냐 하면 창조주의 언약이 믿음이 이루어진 자에게 실제로 임한다는 사실을 알리기 위해서 한 증거입니다. 성경 말씀은 모두 지나가는 나그네의 그림자가 아닙니다. 사실 그대로 진행되는 말씀입니다. 단, 비유의 말씀을 풀기가 좀 까다로울 뿐입니다. 믿음의 씨가 있는 자들에게 반드시 천국이 이루어져 보게 되는 예수 그리스도의 말씀입니다.

필자도 창조주를 만나려고 오랜 세월 헤매며 찾아다니다가 운이 좋아 기적같이 창조주를 만나게 된 것입니다. 부활 없는 예수 그리스도로부터 오늘날 부활 있는 예수 그리스토스로 돌아와야 합니다.

해탈 없는 석가모니로부터 오늘날 해탈 있는 석가모니불로 돌아와야 합니다. 어려운 일은 아니라고 생각합니다.

사찰이나 신을 모신다고 하는 곳에 가보면 각가지 색으로 화려하게 그려놓은 어떤 형상들이 많이 있는 것을 보게 됩니다.

그 화려한 색이 어디에서부터 유래되었는지 아는 사람은 알고 있겠지만, 성경에서 천국이 가까이 왔다고 기록이 되어있습니다.

그 천국이라는 곳은 믿음이 이루어진 신도에게 임하게 되면 엄청나게 황홀함을 느끼며 보게 되는 곳이 바로 온갖 색깔들입니다. 그곳의 황홀함은 세상에는 없습니다.

신당에 그려있는 화려한 형상들이 그곳에서부터 유래된 색채라고 생각하게 됩니다. [요한계시록 21장 19절]부터 열두 보석이 기록이 되어있습니다.

원문 성경 히브리어, 아도나이 예호바: 영원히 자비로운 창조주 엘로힘 절대 창조주의 뜻을 아는 자의 소리! 아멘.

성경에 기록된 비유의 말씀들에 대한 궁금증이 있으신 분들은 그 비유의 말씀을 소지하고 필자에게 연락하시면 모두 하나님의 뜻 안에서 명쾌히 풀어 알려 드리겠습니다.

[마태복음 13장 34절. 예수께서 이 모든 것을 무리에게 비유로 말씀하시고 비유가 아니면 아무것도 말씀하지 아니하셨으니 이는 선지자로 말씀하신바 내가 입을 열어 비유로 말하고 창세부터 감춘 것들을 드러내리라 함을 이루려 하심이니라]

창세기에서부터 하나님의 말씀들은 비유로 시작이 되었다는 말씀입니다.

⁶⁶ 물고기 두 마리와 보리떡 다섯 개 ⁹⁹

[요한복음 6장 9절] 물고기 두 마리와 보리떡 다섯 개로 오천 명을 배불리 먹게 했다는 그 비유의 말씀이 궁금하신 분들은 필자에게 연락하시면 은혜가 되도록 세상 풍습이 아니고, 성경적으로 성실히 풀어 드리겠습니다.

성경은 사람의 눈으로 보지 못하고 있는 각 사람의 생명들을 들어 말씀으로 기록하여 피조물들에게 보게 해주시는 참 은혜로운 책입니다. 성경은 영원히 위대한 사람들의 생명 말씀입니다.

사람들의 생명을 기록한 진리의 말씀들이 성경책입니다. 각 인이 자기 생명을 발견하고 그 법을 지키면서 사는 것이 본분이라고 합니다. 그러므로 창조주의 찬란한 천국을 상속받게 되는 것입니다.

필자는 성경에 기록된 말씀의 비유를 깨닫기까지 육십 년이라는 세월이 필요했습니다. 필자는 나라는 인생이 세상에 태어난 이유가 무엇인지 내가 왜 세상에 태어나 마음 쓰라린 고통과 슬픔으로 살게 되었는지 그 이유를 알기 위해서 기독교 생활을 하면서 성경을 보게 된 것입니다.

성경에 기록된 창세기 말씀으로부터 시작하여 정독을 했으나 아무것도 발견하지 못하고, 묻혀 지내는 내 인생의 삶은 계속해서 이어지고 내 인생은 갈등으로 목적 없이 죽음을 향하여 세월에 끌려만 가고 있다는 것이 너무도 허전하고 가련하여 그 슬픔을 해결해 보고자 답답한 심정을 갖고 무지의 마음으로 성경의 말씀을 캐기 시작한 것입니다. 나야나는 결국에 해내고 만 것입니다. 사람을 창조하신 하나님의 뜻도 알게 되었고 그의 바람도 알게 된 것입니다. 그러므로 그 은혜를 갚기 위해서 아울러 이 글을 쓰게 된 것입니다.

공정한 운명

세상에 태어나 출세하여 부자로 잘살고 또 출세를 못 해서 빈곤하게 살아가는 사람들, 또 건강하고 행복하게 잘 살고 병들어 장애로 고통받으며 살아가는 사람들, 모두 창조주의 공의에서 주어진 공평한 분량의 테두리 속의 갇힌 생활이라고 합니다.

그러므로 하나님의 정도(正道)를 이루어 그 테두리 안에서 벗어나야 한다는 예수 그리스도의 말씀입니다. 그 테두리 안에서 벗어나 하나님의 정도(正道)를 이룬 자를 선지자, 사도, 성도라고 칭하게 됩니다. 그들은 영원한 낙원을 창조주로부터 상속받은 자들입니다. 그 복이 믿음의 결과라고 합니다. 결과가 없는 믿음은 허영심으로 또는 사치심으로 또는 형식적으로 허사의 믿음이 됩니다. 성령의 말씀입니다.

왜냐하면 믿음으로 거룩하게 모시는 그 대상을 눈으로 볼 수 있어야 하는데 오래도록 믿어왔지만, 한 번도 본 적이 없는 믿음의 대상이기 때문에 그 믿음은 허영심과 사치 믿음이라고 합니다. 어떤 사람은 예수님의 말씀이라고 하며 비유의 말씀을 사람들이 듣기 좋게 꾸며 복을 받는 말씀이라고 전한다고 합니다.

그 허전한 복의 떡을 먹은 사람들은 혼미한 생각을 갖고 영

양가 없는 기도를 날마다 습관적으로 하며 귀한 자기 인생의
시간을 허비하다가 고통의 세계로 돌아가게 된다고 합니다.

" 예수 그리스도의 죽음 "

　예수 그리스도께서 바리새인들에게 왜 죽임을 당했느냐 하면 예수 그리스도의 생명 말씀들이 정도(正道)로 세상에 전파된다면 사람을 유혹하는 교리와 의식으로 진행하는 제사들이 쫄딱 망해서 문을 닫게 되기 때문이라고 합니다. 그러므로 예수 그리스도를 반드시 죽여야 그들의 의문의 제사가 생존하게 되기 때문이라고 합니다. 바리새인과 사두개인의 교리 신앙생활 하는 자들을 하나님께서 민족이라고 칭하고 있습니다.

　예수 그리스도의 죽음과 부활을 지나간 역사로 이해할 것인가! 아니면 오늘날 영적 사건으로 이해할 것인가! 심중히 생각해 봐야 합니다. 필자의 영안으로 본다면 역사가 아니라 오늘날 현재 예수 그리스도를 믿는 자들의 이상적 사건들입니다. 바리새인이나 사두개인이나 그 이름만 다르지, 오늘날 현실에서 하나님의 법을 지키며 예수를 믿는 어떤 자들과 같습니다.

　그러나 예수 그리스도는 바리새인이 믿는 하나님의 율법을 수료하고 하나님의 진리로 나와 하나님의 아들 구원자가 된 인자입니다. 그래서 영적으로 예수 그리스도는 바리새파나 사두개파에 속한 자가 아니므로 그들의 기준에서 이방에 속한 자가 되는 것입니다. 오늘날 현재로 이해한다면 어떤 기독교의 교리를 벗어난 예수 그리스도입니다. 그러므로 어떤 기독교와는 별개로 이방인에 속한 예수 그리스도입니다.

[말라기 1장 11절. 만군의 여호와가 이르노라 해 뜨는 곳에서부터 해 지는 곳까지 이방 민족 중에서 내 이름이 크게 될 것이라 각처에서 내 이름을 위하여 분향하며 깨끗한 제물을 드리리니 이는 내 이름이 이방 민족 중에서 크게 될 것임이니라]

이방 민족은 바로 바리새인과 사두개인의 변질한 제사를 벗어나 하나님을 경외하는 예수 그리스도를 지칭한 말씀입니다.

[요한복음 11정 48~52절

48. 만일 저희를 이대로 두면 모든 사람이 저를 믿을 것이요 그리고 로마인들이 와서 우리 땅과 민족을 빼앗아 가리라 하니

49. 그중에 한 사람. 그 해 대제사장인 가야바가 저희에게 말하되 너희가 아무것도 알지 못하는도다

50. 한 사람이 백성을 위하여 죽어서 온 민족이 망하지 않게 되는 것이 너희에게 유익한 줄을 생각지 아니하는도다 하였으니

51 이 말은 스스로 함이 아니요 그 해에 대제사장이므로 예수께서 그 민족을 위하시고

52. 또 그 민족만 위할 뿐 아니라 흩어진 하나님의 자녀를 모
아 하나가 되게 하기 위하여 죽으실 것을 미리 말함이더라]

죽으실 것을 미리 말함이라: 성경적 죽음은 육신을 입고 있
는 사람의 죽음이 아닙니다. 성경적으로 예수 안에 존재하는
그리스도는 사람들의 생명입니다. 그 생명을 그리스도로 칭
하여 성경에 기록이 된 것입니다. 그러므로 그 생명의 말씀
을 죽여야 현실적으로 무가치하게 진행하고 있는 교리 신앙
이 살아나 진행하게 된다는 의미입니다. 바로 바리새파 사두
개파의 율법 신앙입니다.

그 율법은 생명이 아니라 생명으로 가기 위해 길을 닦아내
는 영적 기구입니다. 그 길을 바리새인 사두개인들이 그 길에
서 떠날 생각들을 하지 않고 그 길만 지키며 하나님께 풍성
한 복을 받으려고 자기들이 거룩하게 만든 교리 제사를 드리
고 있는 것입니다.

[원문 헬라어] 성경 사전을 보면 가야바는 이스라엘 사람.
대제사장이라고 합니다. 하나님께 드리는 제사를 담당한 자
를 말합니다.

성경은 하나님을 믿고 그 법을 행하는 자들의 행함을 비유
로 기록한 책입니다. 그러나 바리새인은 하나님의 법을 벗어나
자기들이 만든 교리로 제사 즉 예배를 드리고 있는 것입니다.

로마 사람이라고 칭한 뜻은 영적으로 몸에 대한 집착이 강
하고 명예와 권력을 탐하는 자들이라는 뜻입니다.

　예수의 말씀이 전파된다면 바리새파와 사두개파의 섬기는 하나님의 법이 로마인으로부터 무시된다는 뜻으로 우리의 땅과 민족을 빼앗아 간다고 비유로 기록한 말씀입니다. 예수님의 말씀으로 말미암아 그들이 지키는 하나님의 법과 그 법을 믿는 민족이 모두 흐트러진다는 말씀입니다. 왜냐하면 바리새파와 사두개파가 드리는 제사는 하나님께서 받지 않는 제사기 때문에 예수의 말씀이 전파되면 바리새파와 사두개파의 거짓 제사가 드러나기 때문에 그 거짓 제사를 계속 이어가려면 반드시 예수의 말씀을 죽여야 합니다. 즉 무시해 버려야 한다는 뜻입니다. (비유로 땅과 민족이라고 함)

　성경에 기록된 인물들은 모두가 창조주를 경외하며 믿어온 조상 아브라함과 야곱의 후손들입니다.

　오늘날, 하나님의 말씀을 교리로 만들어 전하는 교단의 말씀과 예수 그리스도의 생명 말씀과는 서로 원수 관계라고 합니다.

　사람이 만든 의식 즉 예배는 구원할 수 없는 제사라고 합니다. 그곳에는 구원할 수 있는 예수 그리스도의 말씀이 들어갈 수가 없는 곳이라고 합니다. 예수를 믿는 사람들의 그 바람은 예수님의 뜻과 다르기 때문이라고 합니다. 그래서 성경에 네 원수를 사랑하라고 기록이 된 것입니다.

　[고린도후서 11장 4절. 다른 예수]

　[누가복음 6장 27절. 너희 원수를 사랑하라] 이 말씀은 사람과 사람 관계에서 과격한 충돌로 발생하는 원수가 아닙니

다. 예수를 상상하며 믿는 성경 문자 신앙인과 그 문자의 비유를 풀어서 각기 그리스도의 생명을 보고 믿는 신앙인과의 관계는 아주 철천지원수 관계라고 합니다.

　성경 말씀을 그리스도 안에서 알지 못하고 문자 그대로 믿는 신앙인들을 하나님께서 사단이라고 칭합니다. 사람들이 상상하며 두려워하는 악귀를 사단이라고 칭한 말씀이 아닙니다. 왜냐하면 창조주 하나님의 뜻도 모르고 교리를 만들어 의식적으로 예배를 드리기 때문에 하나님의 백성이 되지 못하고 사단이 된 것입니다. 이유는 하나님의 뜻을 모르기 때문이라고 합니다.

　[호세아 6장 6절. 하나님을 아는 것을 원하노라]

　예수님으로부터 사단으로 칭함을 받은 자들은 자신의 생명을 자신 안에 두지 못하고 자신 밖에다 두고 외모를 보며 자기 유익을 찾아다니는 객의 영혼들이라고 합니다. 그래서 성경 문자 신앙인들은 객의 영혼이기 때문에 문자 안으로 들어가지 못하고 문자 밖에서 문자를 보며 구원의 말씀이라고 철석같이 믿는다고 합이다. 그들은 구원받는 절차도 없고 말씀을 알려고 하지도 않고 어떤 자들의 전하는 말만 듣고 그 말을 따라 예수를 믿는다고 합니다. 정말로 충격적입니다. 차라리 그렇게 믿을 바에는 무신론자로 있는 것이 훨씬 자신에게 유익합니다.

　성경 말씀은 각기 자기 생명을 깨달아 하나님께 경배하라는 말씀입니다. 믿는 자들의 눈을 스쳐 가는 예수님의 말씀이 아닙니다.

[창세기 3장 23~24절

여호와 하나님이 에덴동산에서 그 사람을 보내어 그의 근본된 토지를 갈게 하시니라 이같이 하나님이 그 사람을 쫓아내시고 에덴동산 동편에 그룹들과 두루 도는 화염검을 두어 생

명나무의 길을 지키게 하시니라]

예수를 믿는 사람 중에 창세기 말씀을 보고 이해하는 사람은 한 사람도 없다고 봅니다. 그 말씀을 알려고 하지 않고 눈에 스쳐 가도록 내버려두었기 때문입니다.

창세기 말씀으로부터 시작하여 예수 그리스도께서 탄생하신 것입니다. 그러므로 예수를 믿는 사람이라면 반드시 창세기 말씀을 붙잡고 하나님께 기도하며 터득해야 합니다. 말씀들이 비유이면서도 영적이기 때문에 하나님의 정도(正道)를 어느 정도 깨달은 사람이 아니고 서는 이해하기가 어렵습니다. 예수 믿는 사람들이 창세기 말씀은 접어놓고 밖으로 나돌아 다니며 몸에 좋은 약초 말씀만 찾아다니며 믿는다고 합니다.

창세기 말씀을 외면하면 예수를 백년 천년을 믿었다 해도 성과 없이 쫄딱 망하는 믿음이 되어 지옥으로 들어가게 됩니다. 어떤 예수 믿는 사람들의 말을 들어보면 자기들은 구원 받았다고 자부하며 내미는 말씀 중에

[사도행전 16장 31∼32. 가로되 주 예수를 믿으라 그리하면
너와 네 집이 구원을 얻으리라 하고 주의 말씀을 그 사람과
그 집에 있는 모든 사람에게 전하더라]

구원을 받을 수 있는 말씀은 바로 예수님의 말씀입니다. 그

말씀의 뜻을 알지도 못하고, 또 알려고 하지도 않고 무턱대고 구원을 받았다고 밀어붙이며 고집을 내세운다면 무식하게 똑똑한 자가 되는 것입니다. 그런 자들의 영혼이 가는 곳은 XXX입니다.

세상이 전부인 줄로 생각하고 인생을 살아가는 사람들은 좀 더 자신의 앞을 멀리 보시기를 권합니다. 주의 말씀은 창세기에 기록된 에덴이라는 그 동산 안에 존재하는 생명나무의 말씀으로부터 진행이 된 생명의 말씀입니다. 신약 성경에 에덴이라는 이름은 없습니다. 성경은 모두 사람의 시야로 볼 수 없는 생명에 대한 영원한 말씀입니다. 예수 그리스도가 에덴이 되었기 때문에 신약 성경에 에덴이라는 이름을 기록할 필요가 없는 것입니다.

성경적 귀가 있고 눈이 있는 자들만 보고 아는 에덴동산입니다. 그러나 예수 그리스도가 에덴이라고 기록한 말씀은 없고, 다만 천국 또는 낙원, 또는 동산이라고 기록한 곳은 있습니다. 바로 천국과 낙원이 에덴의 변형된 이름입니다.

실제로 에덴이 바로 살아 생동하는 예수 그리스도의 말씀입니다. 예수 그리스도를 믿는 자들은 그 믿음을 이루어 예수 그리스도의 에덴으로 돌아가게 됩니다.

사람들은 몸을 자기 것으로 철석같이 알고 있습니다. 그러나 내 것이 없다는 것을 인식할 때까지 그 몸과 마음의 평안은 없습니다.

성경적으로 또는 영적으로 에덴동산은 지금도 사람들과 가까이 있습니다. 기독교인들에게는 몇천 년 전 에덴동산으로 인식하게 됩니다. 하나님의 뜻에 비춰 본다면 정말로 충격적인 인식입니다.

성경 말씀은 진리기 때문에 언제나 오늘날 현실에서 진행되는 사람들과 함께하는 생명의 말씀입니다. 하나님으로부터 생명을 받은 피조물들이 창세기 말씀에 대한 관심은 전혀 없다고 합니다. 왜냐하면 보편적으로 이해하기 어려운 비유의 말씀이기 때문입니다. 비유가 바로 화염검입니다.

아담과 하와가 하나님의 말씀을 하찮게 여기고 어떤 수단 좋은 자의 말을 듣고 그의 말을 받아들이게 된 것입니다. 그의 말씀은 영생하는 창조주의 속한 말씀이 아니고 죽음을 동반한 육신을 좋게 하는 높은 지식의 말씀이라고 해서 뱀이라고 비유하게 된 것입니다.

육신은 영적 소모품이기 때문에 영생으로 다루지 않습니다. 성경은 육신에 속한 말씀이 아니라 육신에 심어진 영원한 생명의 말씀입니다. 그러므로 아담과 하와가 에덴에서 쫓겨나 근본 된 토지 즉 몸을 먹여 살리기 위해 배워야 하고 가르쳐야 하는 지식 세계로 되돌아가게 된 것입니다.

창조주의 뜻에 비쳐 본다면 그러한 삶을 영적으로 죽음이라고 합니다. 왜냐하면 각자 자기 생명을 모르기 때문이라고 합니다.

진리의 빛에 비추어보면 역사 없는 생명의 말씀이 성경책입니다. 물론 기록된 역사는 있습니다. 고대 원문 문자가 발견

되면서 그 문자가 전문 학자에 의해 번역된 이후로는 그 말씀은 각 사람들의 생명으로 진행하게 되면서부터 역사가 없는 각 사람들의 생명 말씀으로 이어지게 되었다고 합니다.

한 사람이 태어나면 그 사람은 성경에 기록된 진리의 말씀으로 태어납니다. 인류는 모두 창조주의 진리 말씀으로 세상에 태어났지만, 사람은 전혀 인식을 못 하고 인생을 살고 있는 것입니다. 그러고는 창조주의 뜻을 외면하고 피조물들의 나름대로 목적도 없고 모양도 없고 냄새도 없는 허상을 마음에다 만들어 놓고 믿는다고 합니다. 그러므로 성경에서 사람을 물고기 또는 육축 등으로 비유하고 있습니다. 또는 지렁이 구더기라고도 비유하고 있습니다. 창조주께서 오죽이나 억울하면 피조물에 그와 같은 말씀을 했을까 하는 생각도 해봐야 합니다.

창조주 하나님을 예수 믿는 사람들이 사랑과 자비를 베풀어 주시는 아버지라고 부르며 믿는다고 합니다. 착각입니다. 아버지가 될 수 없습니다. 왜냐하면 그 아버지를 본 적도 없고 또 어디에 계신 줄도 모르고 평생을 소리쳐 불러 봐도 대답도 없는 아버지기 때문입니다. 바로 죽은 아버지를 부르기 때문입니다.

하나님은 영원히 살아계신 생명의 주인이십니다.

영원히 살아계신 하나님을 아버지라고 부른다면 반드시 응답하십니다. 나야나를 태어나게 해주신 뜻도 사랑입니다. 그 사랑을 버렸다고 기록이 되어있습니다. [계 2:4]

그러므로 나야나를 태어나게 해주신 사랑을 버렸기 때문에 그 삶은 고난으로 진행하게 됩니다. 그 고난의 삶을 믿음으로 회복하여 하나님께 경외해야 합니다.

믿음으로 경외를 못 하면 그 사람은 또다시 역경 시대로 돌아가게 됩니다. 사람에게서 태어난 자식도 부모의 속을 썩이면 과격한 말로 나가 죽으라고 저주하는 경우도 있다고 봅니다. 그러므로 창조주의 뜻을 찾아 경외하면 창조주의 사랑받는 아들이 되지만 그렇지 못하면 죄인이 되고 사단이 되는 것입니다.

성경에 기록된 귀신은 하나님의 뜻을 찾아다니는 자들을 비유로 한 말씀입니다. 그래서 귀신 들린 자를 예수님께서 고쳐주신 것입니다. 하나님의 뜻을 모르는 자 중에서 하나님의 뜻을 찾는 자들만 구원의 대상이 됩니다. 구원을 받기 전에는 귀신 들린 상태로 생활하게 됩니다. 성경적입니다.

예수를 믿는 자들은 구원받기 전에는 귀신이 들어 있습니다. 사람의 인식과 절대로 다릅니다. 자기를 만든 하나님을 모른다는 뜻으로 귀신 들린 사람 또는 마귀 사단이라고 비유하고 있습니다.

성경적 귀신은, 즉 하나님을 모르는 무지를 의미합니다. 사람들이 상상하고 있는 괴이한 모습으로 나타나 사람을 놀라게 하는 어떤 괴물을 귀신이라고 칭한 말씀이 아닙니다. 사람을 창조하신 주인을 모르면 모르는 자라고 하지 않고 귀신 들린 자라고 합니다. 그들은 자신의 생명도 모르는 자들입니다.

하나님의 뜻을 아는 자들을 제외하고 모두 귀신 들린 자들입니다. 이유는 앞에서도 언급한 바와 같이 사람은 누구나 하나님과 함께하고 있습니다. 다만 영적으로 마음이 둔하고 눈이 감겨있기 때문에 못 보고 있는 것입니다. 그러므로 그 귀신을 오늘날 예수님의 말씀을 대신하여 전하는 자가 나타나 그 귀신을 쫓아내고 하나님의 뜻을 알게 하기 전에는 절대로 천국에 들어갈 수가 없습니다.

그렇다면 오늘날 예수 그리스도의 대언 자가 있어야 그 귀신 들린 자들이 고침을 받고 구원을 받아 천국을 가게 되는데, 예수 그리스도의 대언 자가 어디에 있는지 볼 수가 없다고 합니다.

그러다 보니까 예수 믿는 자들이 스스로 예수를 마음에다 만들어놓고 예수가 내 안에 계신다고 상상하며 믿습니다. 하지만 실제 예수 그리스도의 대언 자는 언제나 사람들 가운데 함께 계십니다. 임마누엘 불철주야 우리와 함께합니다. 찾는 자는 깨닫게 됩니다.

실제로 예수 믿는 자의 마음에 예수 그리스도의 말씀이 존재한다면 그 말씀이 그 사람의 생명이 되어 그 임한 자 안에서 묵시로 하나님의 뜻을 가르쳐 줍니다.

그게 아니라면 허상 예수가 마음에 심겨 있는 것입니다.

그 가르침을 받아 창조주 하나님께 경배하면 사랑받는 아들이 되는 것입니다. 실제로 하나님의 아들이 되는 과정을 설명하자면 많은 시간이 필요합니다. 그러므로 요점만 기록하게 된 것입니다.

오늘날, 예수 그리스도는 기독교인들이 상상하고 있는 그런 존재가 아닙니다.

[호세아 6장 6절. 하나님 아는 것을 원하노라]

하나님을 모르면 귀신 또는 물고기, 짐승이라고 합니다. 성경적 사단은 완전히 하나님의 뜻을 벗어나 의문의 예배를 드리는 자들을 말합니다. 그들을 성경에서 사단, 마귀 또는 귀신, 무리, 또는 메뚜기 떼 등등으로 비유합니다. 왜냐하면 창조주의 뜻도 모르고 또 본 적도 없이 꾸며서 만들어 드리는 의식이기 때문이라고 합니다. 물고기는 하나님께서 구원할 수 있는 자들을 비유로 한 말씀입니다. 창조주의 뜻에 비추어 보면 모든 사람은 하늘나라 물속에서 살고 있습니다. 세상 물이 아닙니다.

히브리 원문 성경을 보면 히브리어로 엘로힘 루아흐 마임 파임 알 아하프.

[창세기 1장 2절. 하나님의 신은 수(마임) 면(파님) 에(알) 운행 하시니라]

기록이 되어있습니다. 그 물로 흙과 함께 빚어서 사람을 만들었다고 합니다. 지구의 흙이 아니고 하늘나라에 있는 생명의 흙입니다. 사람의 눈으로 볼 수도 있고 보지 못할 수도 있는 하늘나라 물과 흙입니다. 그 비밀을 아는 사람은 예수님의 사도들이나 선지자들이나 성령을 받은 자들만 알고 있는 비밀 중의 비밀입니다.

지구의 세상 흙이 아닙니다. 영적 흙입니다. 사람들이 쉽게 생각하는 세상 물과 흙이 아니라는 것을 깨달아야 합니다. 오늘날도 하나님의 물과 흙으로 사람을 지으시고 있습니다. 성령을 받는 자들만 아는 비밀입니다.

지금도 하나님의 나라에 있는 생명의 물과 흙으로 만들어진 사람들이 결혼해 부부가 되면 하나님의 물과 흙으로 만든 아기가 태어납니다. 그리고 믿음으로 다시금 물과 성령으로 태어납니다. 한번 태어났다고 해서 끝이 아닙니다. 성경적으로 본다면 마흔두 번 태어나야 합니다. 모두 성경에 기록이 되어있습니다.

사람의 지식으로는 발견하기 어려운 영적 순리입니다. 성경 말씀을 볼 때 말씀들이 보는 자의 생명으로 나타나지 못하면 귀신 들린 자가 됩니다. 왜냐하면 본인의 생명을 잃어버렸기 때문에 귀신이 대신 생명이 있어야 할 곳에 들어앉아 이리 왈 저리 왈 주인 노릇을 하게 됩니다. 그리고 마지막 종식하는 날에 XXX로 돌아가게 됩니다. 성령의 말씀입니다.

믿음대로 가는 곳

예수 그리스도를 모르는 그들은 후일에 돌아갈 거처가 없기 때문에 필연적으로 지옥이라는 취약한 곳으로 들어갈 수밖에 없습니다.

[호세아 6장 6절. 하나님을 아는 것을 원하노라]

오늘날, 문자를 보고 예수 믿는 자들의 생각은 마지막 종식하는 날에 예수님께서 구원하시리라는 기대를 하고 열심히 믿는다고 합니다. 천만의 말씀입니다. 믿음은 초보이며 또는 그 믿음이 성장하여 이루지 못하면 쓰레기로 처리하게 됩니다.

또 '될 대로 되겠지.'라며 믿는 신앙인들도 있다고 합니다. 성경에 너희 원수를 사랑하라고 기록된 말씀은 바로 그리스도의 생명을 알고 또 보고 전하는 자와 또 겉의 문자적으로 하나님의 말씀이라고 하면서 믿는 신앙인과 절대적 불편한 관계로 하여 원수 관계가 된다고 합니다. 그래서 너희 원수를 사랑하라고 말씀하신 것입니다.

[누가복음 6장 27절. 너희 원수를 사랑하라]

영적 생명에 대한 섬김은 사람들에게서 멀리 떠나가고, 죽음으로 마무리 짓는 육신 생활을 좋게 하려고 믿는다고 합니다. 그 관례가 오래전부터 오늘날까지 신앙생활로 이어져 오고 있다고 합니다. 그럴 수밖에 없는 것은 우리나라에 기독교가 들어오면서부터 첫 단추를 잘못 끼워놓고 전파되었기 때문에 말씀이 올바로 진행될 수가 없게 된 것입니다.

그러나 기독교가 우리나라에 들어와 기여한 공은 무시할 수가 없습니다. 우리나라 민족들이 기독교 목사님들의 말씀에 힘을 얻어 허전했던 마음이 그나마 위로를 많이 받으며 살아온 것은 분명합니다. 그러므로 필자는 목사님들의 노고에 감사드립니다.

그러나 이제부터는 겉으로 보고 믿는 기독교인이 아니라 안을 보고 믿어 거듭나는 기독교가 되어야 한다고 생각합니다. 거듭나는 과정을 설명하자면 많은 시간이 필요하기 때문에 생략하겠습니다. 창조주의 뜻으로 거듭나는 말씀은 기독교 안에서 찾아보기 어렵습니다.

그 거듭나는 말씀이 있었다면 기독교인은 모두 거듭났을 것입니다. 나무를 베어내면 그루터기가 남음과 같이 이 땅 어딘가에 예수 그리스도의 부활한 생명의 말씀이 진행되고 있다는 것을 아는 사람은 지극히 귀하다고 합니다.

성령의 말씀입니다. 또한 예수 그리스도의 참 생명의 말씀은 전파되기가 지극히 어렵다고 합니다. 육신에 속한 말씀이 아니라 영혼에 속한 말씀이기 때문이라고 합니다.

[요한복음 6장 63절. 살리는 것은 영이니 육은 무익하니라 내
가 너희에게 이른 말이 영이요 생명이라]

성경의 말씀은 육신을 초월한 영적 사람들의 생명에 관한 말씀입니다.

예수님의 말씀을 육신에 접목하면 그 영혼은 멸망합니다. 육이 아니고 영이기 때문에 예수 그리스도의 말씀은 사람들이 잘 이해를 못해서 잘 받아들이지 않는다고 합니다.

오늘날 예수 그리스도로 하여금 거듭나 하늘나라 말씀을 전한다면 반드시 문자 신앙인들에게 이단시 당하며 핍박을 받게 됩니다.

예수를 믿는 사람들이 본인이 믿고 있는 그 믿음이 예수 그리스도로 하여금 부활하는 믿음을 믿고 있는지, 아니면 그 부활하는 말씀을 죽이고 있는 믿음을 믿고 있는지 도무지 인식을 못 하고 '예수, 예수.'하며 노래를 부른다고 합니다.

예수 그리스도를 진심으로 믿는 자는 칠 년 안에 성경적으로 거듭남과 부활이 됩니다. 성령의 말씀입니다. 성경은 신의 말씀입니다. 사람의 말이 아닙니다. 그러므로 사람의 생각으로 성경 말씀을 이해하기가 어렵습니다. 성경의 문자는 그 말씀 안에 구별되어 찾는 사람들만 알게 하기위해 모두 비유로 기록이 되어있습니다.

창세기 3장에 기록된 화염검이 비유로 진행하고 있습니다. 성경 말씀은 모두 화염검입니다. 그리고 비유입니다.

예수를 믿는 자는 무언가를 그 화염검으로 잘라내 버려야 하나님 나라를 볼 수가 있습니다. 바로 예수 그리스도의 말씀이 비유이면서 화염검이 됩니다.

[마태복음 10장 34절. 내가 세상에 화평을 주려고 온 줄로 생각지 말라 화평이 아니요 검을 주려고 왔노라]

진실로 예수 그리스도를 믿는 성도라면 문자 안에 담긴 생명을 발견해야 합니다. 그리고 그 법도를 지키면 구원받고 성경적 하늘나라를 보게 됩니다. 화염검이 비유의 말씀이라고 기록한 곳은 없습니다. 영적으로 예수님의 검으로 죽어야 다시금 거듭나게 됩니다. 사람의 몸이 죽는 것은 아닙니다.
즉 믿음으로 무언가가 죽어야 합니다. 그러면 다시금 보이는 곳이 있습니다.

[요한계시록 9장 6절. 그날에 사람들이 죽기를 구하여도 얻지 못하고 죽고 싶으나 죽음이 저희를 피하리로다]

성경에 기록된 비유의 말씀을 깨닫게 되면 영적으로 죽은 자가 됩니다. 다음으로 그리스도 안에서 ○○○으로 다시금 살아나게 됩니다.

채권자와 채무자

예를 들자면 어떤 사람이 은행에서 많은 돈을 빌려 갔습니다. 그 은행은 그 돈을 반드시 갚으리라는 믿음을 갖고 빌려줬는데 많은 돈을 빌려 간 사람이 그 돈을 갚지 않고 잠적해 버렸다면 돈 빌려준 은행은 큰 손해를 보게 될 것입니다.

수많은 사람들이 그 누구인지는 몰라도 그의 말씀이 너무나 믿음직해서 각기 자신의 마음과 그 생활을 그 누군가에게 믿음으로 평생을 바쳐왔다면 반드시 그 누군가가 양심이 있다면 자기를 믿어온 자들에게 나타나야 합니다.

불교에서 부처님을 믿었다면 그 부처님께서 양심이 있다면 자기를 믿어온 자들의 성의를 봐서 내로라하며 반드시 나타나야 하고, 기독교의 예수 그리스도를 믿어온 자라면 예수 그리스도께서 양심이 있다면 자기를 믿어온 신자에게 내로라하며 반드시 나타나야 합니다. 그게 아니라면 제아무리 거룩하게 잘 믿었다 해도 그 믿음은 모두 부도가 나서 투자한 자본 단 일 푼도 못 건지고 쫄딱 망하는 믿음이 되는 것입니다.

사람들은 모두가 너무도 잘났고 똑똑하고 자존심이 철 옹벽같이 강하다고 합니다. 그러나 그렇게 똑똑한 사람들이 예수 그리스도의 믿음만은 무식하게 알고 믿는다고 합니다. 성경에 기록이 되어있습니다. (선악과를 알게 하는 자가 무식하게 똑똑하도다. 원문 성경 히브리 사전에 있음)

표면에 기록된 예수 그리스도의 말씀과 이면에 숨겨진 예수 그리스도의 말씀과 다르고, 겉모양으로 보는 석가모니불과 안으로 들어가 보는 석가모니불과 다릅니다.

안으로 들어가 보면 기독교의 예수 그리스도와 불교의 석가모니불은 언제나 모든 사람과 함께하고 계시고, 겉의 밖에서 보면 예수와 석가모니불은 모두 몇천 년 전 그곳에 계신 분들이 됩니다. 예수 그리스도와 석가모니불은 이루어진 자들과 함께 있고, 믿음이 이루어지지 못한 자들은 스스로 함께하고 있다고 생각한다는 것입니다.

그러므로 이루지 못한 자는 일반적으로 생명의 눈이 감겨있어 자신의 앞길을 모르고 가게 되고, 말씀을 이룬 자는 해보다 더욱 밝은 눈으로 앞길을 보며 인생의 길을 살아간다고 합니다. 신앙생활 하는 사람들이 자기 옆에 계신 진언의 말씀을 외면하고 다른 곳에서 찾기 때문에 성과 없이 인생을 마감하게 됩니다. 결과는 지옥입니다.

예수 그리스도와 석가모니불의 말씀을 깨닫고 함께하고 있는 사람은 언제나 누구든 낯가림 없이 반기며 살아가지만 그렇지 못한 사람들은 각기 신앙의 소속이 다르다고 해서 서로

배재하며 신앙생활을 하게 된다고 합니다. 인생들에 주신 신앙은 단 한 길 외에는 없습니다. 그 한 길을 모르고 믿는 그 믿음은 모두 부도가 난 믿음이지만 아는 바가 없이 붙잡고 애원하다가 마지막에 가서 빈털터리가 되어 이를 갈며 어둡고 좁고 숨 막히는 터널 속으로 빠지게 된다고 합니다. 성령의 말씀입니다. (에스겔 골짜기 무저갱 등)

그곳은 오늘날에도 확실하게 사람들 앞에 보이며 진행하고 있습니다. 사람의 생명은 사람의 시야로 볼 수도 있고, 보지 못할 수도 있다고 합니다. 그러므로 믿는 자들은 모두가 자기 생명을 봐야 합니다. 성령의 말씀입니다. 생명을 보는 자라고 해서 외모로 특별히 돋보이는 곳은 없다고 합니다. 예수 그리스도의 생명을 보고 알고 있는 자가 돋보인다면 살아남지 못하게 된다고 합니다.

예수님께서 돋보였기 때문에 죽임을 당하신 것입니다.

예수 그리스토스 이후로부터는 그리스토스를 깨닫고 하나님의 아들 구원자가 되었다고 해서 사람들에게 돋보인 자는 한 사람도 없는 것으로 알고 있습니다. 왜냐하면 하나님의 백성이라고 하는 수많은 사람들이 이단이라고 핍박하며 돌을 던지기 때문이라고 합니다.

그러므로 특별히 돋보이는 색은 없고 즉 무화과나무 열매와 같이 그 속에 꽃이 피어 있다고 합니다. 다만 말씀 가르침이 좀 기이할 뿐이라고 합니다.

　성경의 말씀들을 역사로 볼 수도 있고 현실로 볼 수도 있다고 합니다. 성경 말씀을 역사로 보는 자는 죽은 생명이 되고 현실로 보는 자는 다시금 거듭날 가능성이 있다고 합니다.

“ 표적과 일 ”

[요한복음 6장 26~40절. 예수께서 대답하여 가라사대 내가
진실로 진실로 너희에게 이르노니 너희가 나를 찾는 것은 표
적을 본 까닭이 아니요 떡을 먹고 배부른 까닭이로다]

표적이라는 뜻은 말씀 듣는 무리가 그 말씀을 이해하지 못했
다는 뜻이고, 떡이라고 한 말씀은 예수 그리스도의 말씀은 비
록 이해는 못 했지만, 사람에게 좋은 교훈과 지식이 되는 말씀
을 배웠다는 뜻입니다. 예수님의 말씀은 부분적으로 먹는 양
식 또는 떡 또는 포주로 비유하여 말씀을 많이 하십니다.

양식, 떡, 포도주는 모두 믿음을 이루어 하나님의 나라 즉
천국으로 가는 길을 비유로 기록된 말씀입니다. 예수 그리스
도의 말씀을 깨달으면 그 사람에게 심어진 생명의 길이 새롭
게 보입니다. 이전에 전혀 모르고 있던 새로운 길을 알게 됩
니다.

예수님의 말씀을 이해하지 못하면 표적이 되고 이해하게 되
면 본인의 생명이 되는 것입니다. 세상 교훈으로 알면 떡이
됩니다.

[27. 썩을 양식을 위하여 일하지 말고 영생하도록 있는 양식을
위하여 하라 이 양식은 인자가 너희에게 주리니 인자는 아버
지 하나님의 인치신 자니라]

썩을 양식: 이 비유는 예수님의 말씀을 사람의 교훈으로 받
지 말고 생명의 말씀으로 깨달으라는 뜻입니다.

사람의 교훈으로나 지식으로는 영생하는 생명을 깨달을 수
가 없기 때문에 전하는 말씀의 뜻이 어떤 의미를 담고 있는
지 심사숙고하여 진리를 깨달으라는 뜻입니다. 사람의 교훈
이나 지식으로 받는다면 육신에 속한 양식이 되기 때문에 구
원을 받을 수가 없고 죽음으로 가는 썩을 양식이 되고, 생명
으로 깨닫는다면 영생하는 양식이 된다는 말씀입니다.

일하지 말고: 성경적 일은 사람의 노동이 아니라 하나님의
뜻을 알기 위해서 찾는 믿음 생활을 일이라고 합니다.

예배를 드리며 때때로 묵상과 기도를 하게 되는데 그 모습
을 일이라고 합니다.

하나님은 영이시기 때문에 사람의 마음에서 발생하는 생각
들을 불철주야 관찰하십니다. 하나님께 대한 경외의 마음인
지 자기를 위한 욕망인지 아니면 또 다른 소망을 바라는 믿
음인지 믿는 자의 묵상과 기도와 예배를 살펴보신다고 합니
다. 성령의 말씀입니다.

그 기도가 합당하면 응답으로 잃어버린 생명을 깨닫게 해 주
신다고 합니다. 그 관점에서 하나님을 믿는 자들의 영적 상태

를 관찰하십니다. 하지만 사람들은 자신의 생명에 대한 인식을 전혀 못 하고 살다가 고통과 공포심으로 종식하게 됩니다.

성경에 기록된 말씀들은 하나님의 피조물이 정말로 행복하고 편안하게 살다가 아름답고 찬란한 천국이라는 곳으로 돌아가 편안히 영생하도록 알려주시는 진언의 말씀입니다.

세상에서 제아무리 편안하고 행복하다 할지라도 하나님의 천국과는 비길 수가 없습니다. 필자는 성령의 들림을 받고 본 바 너무나 황홀한 곳이었습니다.

하나님의 인침: 하나님께서 사람의 생명을 경영하시는데 그 경영권을 예수님께서 위임받았다는 뜻입니다. 그러므로 모든 사람에게 심어진 생명은 모두 예수 그리스도께서 관리를 하시게 됩니다.

사람이 어떤 생각을 하든지 그 생각대로 행하는 모습을 보신다고 합니다. 그래서 심으면 심은 대로 싹이 나와 자라게 하신다는 말씀입니다. 육체의 행함이 아니라 영적 믿음의 행함입니다. 하나님은 사람의 마음과 그 생각들을 영이라고 칭하고 있습니다.

거룩한 영과 더러운 영으로 나누어져 있습니다.

거룩한 영은 성령을 받은 자들의 영이고, 더러운 영은 하나님을 모르는 자들의 전하는 말씀을 더러운 영이라고 합니다.

똑같이 성경 말씀을 갖고 전하지만 한편은 하나님을 보고 전하고, 또 한편은 하나님의 뜻을 모르고 전하게 됩니다. 하나님의 뜻을 모르고 전하는 말씀을 악령이라고 합니다.

[28. 저희가 묻되 우리가 어떻게 하여야 하나님의 일을 하오
리이까

29. 예수께서 대답하여 가라사대 하나님의 보내신 자를 믿는
것이 하나님의 일이니라 하시니]

보내신 자를 믿는 것이 일: 예수님은 하나님께서 보내신 자
가 됩니다. 그를 믿는 것이 일이라고 말씀하셨는데 그렇다면
예수의 모습을 보고 믿으라는 뜻인지 아니면 또 다른 숨겨진
어떤 것을 믿으라는 말씀인지, 보내신 자를 믿는 것이 일이라
고 하는데 예수를 믿는 사람들이 그 믿음을 올바로 아는 사
람은 없다고 합니다.

예수님의 말씀대로라면 오늘날 예수를 믿는 신자들에게 하
나님께서 보내신 자가 눈앞에 나타나야 하는데 어디에 있을
까? 예수를 믿는 사람들이 절대로 보내신 자를 못 찾고 또
못 보고 믿음 생활을 하고 있습니다. 그렇다면 그 믿음은 가
짜라는 뜻으로 봐야 합니다. 성경적 예수 그리스도는 언제나
사람의 눈으로 보고 귀로 듣는 곳에 계심이다.모든 사람과
함께하고 계십니다. (임마누엘 하나님과 함께함)

실제로 보내신 자는 믿는 자의 안에 생명의 말씀으로 계십
니다. 바로 OOO입니다. 절대적으로 모든 사람과 함께하고
계십니다. 그분을 찾아서 믿음으로 섬기는 의식을 일이라고
합니다. 예수님께서 할 수 없는 절박한 말씀을 하신 것이 아
닙니다.

누구나 예수를 올바로 믿으면 될 수 있는 일입니다.

예수님은 자기 안에 하나님께서 보내신 자가 계십니다.

우리 안에도 하나님께서 보내신 자가 계십니다.

성경 말씀은 외적 사건이 아니라 내면의 사건들입니다. 그 보내신 자를 발견하고 깨달으면 예수님의 사도가 되는 것입니다. 예수 믿는 사람들이 보내신 자에 대한 의미를 확실하게 이해하는 사람은 없다고 봅니다.

인간적으로 보내신 자가 아니라 영적으로 보내신 자입니다. 영적이므로 모든 사람 안에 창조주께서 보내신 자가 계십니다.

예수님은 그 보내신 자로부터 거듭나신 첫 번째 하나님의 아들 인자가 되신 분입니다. 예수님은 그 보내신 자로부터 보내신 자가 되신 분입니다.

그러므로 보내신 자 중에 첫 번째 깨달은 분이 예수 그리스도입니다. 그러므로 예수님의 말씀으로 각기 자기 안에 계신 보내신 자를 깨닫게 됩니다.

예수님 말씀을 모르면 영원히 보내신 자를 깨닫지 못하게 됩니다. 예수님께서 그 보내신 자를 무리에게 가르치고 있습니다.

그렇다고 예수님께서 하나님의 보내신 자가 아니라는 뜻이 아닙니다. 예수님 안에 계신 보내신 자를 무리에게 전하고 있는 것입니다. 그러므로 하나님께서 보내신 자를 알려면 예수님의 말씀을 경청하고 깨달아야 합니다. 바로 임마누엘입니다.

그 임마누엘을 예수 그리스도를 믿는 자들이 깨달아야 합니다.

그래서 하나님의 보내신 자를 믿는 것이 일이라고 하신 말씀입니다. 처음 예수님은 이천 년 전 인물이고 그 후로 구원자 예수님이 다른 이름으로 이어오고 있습니다. 처음 예수님은 영적 하늘로 올라 가셨고 다음으로 사도들이 예수님의 일을 하고 있습니다.

하늘로 올라가신 예수님의 명령을 받아 사도들이 하나님의 일을 하고 있습니다. 그러나 오늘날 예수를 믿는 사람들에게는 해당이 되지를 않습니다. 왜냐하면 겉으로 믿는 믿음이기 때문에 성경 말씀을 과거로 봤다 어느 때는 현실로 봤다, 왔다 갔다 하면서 자기들에게 유리한 말씀만 슘음질하여 듣고 다니면서 다 됐다고 생각하게 됩니다. 말씀 안으로 들어가는 믿음이 되어야 하는데 안으로 들어갈 생각들을 못 하고 믿기만 한다고 합니다. 안으로 들어가지 못하고 겉으로 믿는 기독교인에게는 실제적인 오늘날 하나님의 아들 예수님에게로 다가가지를 못하게 됩니다.

겉으로 믿는 믿음이 철 옹벽같이 두텁기 때문입니다.

예수님께서 말씀하신 보내신 자가 예수를 믿는 신자들의 심령에 들어가 모셔져야 하는데 철 옹벽같이 단단한 믿음의 벽을 뚫지 못해 못 들어가고 있는 것입니다.

먼 곳에 계신 보내신 자가 아니라 각 사람 옆에 계신 보내신 자를 찾는 믿음을 일이라고 칭한 말씀입니다. 그 보내신 자는 각 사람들 옆에서 영적으로 죽어있습니다. 즉, 영적 십자가에 못 박혀 죽어있습니다. 그 사건은 오늘날 기독교인들에게는 해당하지 않습니다.

표면적 기독교인들은 사람들이 사용하는 나무 십자가에 못 박혀 돌아가신 줄로 알고 예수님을 믿기 때문입니다.

기독교인들에게 미안한 말이지만 사람들이 사용하는 나무 십자가가 아닙니다. 영적 하늘나라 십자가입니다.

하나님은 생명의 영이시기 때문에 생명의 영으로만 말씀하십니다. 하나님께서 만든 피조물들에 접목된 십자가입니다.

그 십자가에 예수 그리스도가 못 박혀 죽어있다가 살아나신 것입니다. 외적 표면적 세상의 나무 십자가 사건이 아닙니다.

이상세계의 영적 생명에 대한 이변의 사건입니다. 그러므로 구원이라는 문자가 기록이 된 것입니다.

육신에 속한 성경 말씀이 아니라 영혼에 속한 말씀이라는 것부터 깨달아야 합니다. 성경을 문자적으로 보고 꾸며내서 구원받았다고 하는 사람은 수도 없이 많은 것은 사실입니다. 모두 가짜 구원입니다. 성경의 깊은 말씀으로 구원받은 사람은 거의 없다고 봐야 합니다. 있다면 지극히 소수로 어딘가에 남아있을 것입니다.

그는 일반적으로 나타나지 않습니다. 찾는 자들에게만 보이게 됩니다.

사람은 모두 무에서 유로 만들어진 창조주의 피조물입니다.

사람들은 모두 혼에 속한 존재들입니다. 성경에 기록된 영혼은 모두 사람의 생명을 일컬어 칭한 말씀입니다. 사람은 모두 무에서 유로 왔다가 다시 무로 돌아갑니다. 그러므로 영이 혼이 되어 몸을 입고 한때를 살아가게 되는 것입니다. 그리고 영으로 돌아갑니다. 사람들은 그 변화를 죽음이라고 합니다.

그러나 생명이 영이라는 것을 인식하는 기독교인은 별로 없다고 봅니다. 말로는 영혼이라고 하는 기독교인이 더러 있습니다.

그러나 하나님의 영을 올바로 알고 있는 기독교인은 없다고 봐야 합니다. 혼은 몸이 있고 영은 몸이 없습니다.

그러나 영은 혼을 도와주게 됩니다. 혼을 도와주는 영이 거룩한 영인지 더러운 영인지 분별하기가 어렵다고 합니다.

혼의 정체는 사람들의 마음이라고 합니다. 사람이 자유롭게 활동하는 이유는 하나님의 영이 몸을 경영해 주시기 때문이라고 합니다. 그래서 영혼이라고 칭하는데 살아가는 관례를 보게 되면 각자 자기를 도와주시는 하나님 영의 뜻을 따르는 것이 아니라 다른 영들을 숭배하며 살아가고 있다고 합니다.

창조주 하나님께서는 그리스도의 성령을 제외하고는 모두

더러운 영이라고 칭하고 있습니다. 그러므로 거룩한 그리스도의 성령을 찾아서 숭배해야 합니다.

모든 사람은 창조주 하나님 성령의 영으로부터 도움을 받으며 인생을 살아가고 있지만, 사람들의 삶은 다른 신을 섬기고 있다고 합니다. 기독교인들만 하나님과 관련된 것이 아닙니다.

만물들이 하나님의 영으로부터 도움을 받으며 생존하게 되는 것입니다. 사람의 영혼은 거룩한 영과 더러운 영들의 사이에서 살아가고 있습니다. 그러므로 더러운 영도 아니고 거룩한 영도 아닙니다. 다만 종교 생활 즉 믿음 생활로 더러운 영과 거룩한 영의 소속으로 분리가 됩니다. 창조주 하나님의 뜻을 찾아서 알고 경외해야 합니다. 처음에는 모두 창조주 하나님을 모르고 살아갑니다.

그래서 고아, 과부 또는 나그네 등의 이름들로 칭하게 됩니다. 창조주 하나님을 모르는 때를 그와 같이 부르게 됩니다. 그러므로 찾으라는 말씀이 기록이 된 것입니다.

찾지 못하면 귀신이라는 영으로 칭하게 됩니다. 하나님의 뜻을 벗어난 신앙생활을 하게 되면 더러운 영의 소속이 됩니다. 그들은 지옥이 주가 되는 것입니다. 그러므로 신앙생활을 가볍게 생각하고 선택하면 실패를 봅니다.

다른 예수도 있고 다른 부처도 있습니다. 그 외의 영적 믿음의 대상들이 많이 있습니다. 예수 그리스도 영 외에는 모두 더러운 영에 속합니다. 예수 그리스도만 천국 영입니다. 나머지 영들은 의문의 영들입니다. 믿음이 이루어진 성도들이 확실히 볼 수 있는 영은 예수 그리스도 영입니다. 그러므로 예수를 믿는 것입니다.

예수를 믿어도 예수 그리스도를 만나지 못하면 다른 예수를 믿는 자가 됩니다. 예수 그리스도는 몸이 아니라 생명의 말씀입니다.

그러나 몸이 있는 자가 전하기 때문에 몸은 있지만 그 몸은 말씀을 전하기 위한 나팔에 불과합니다. 몸은 영생이 아닙니다.

그 몸에서 나오는 나팔 소리가 중요합니다.

그 나팔 소리 말씀으로 천국의 길이 믿는 자들에게 인도되기 때문입니다. 사람들이 자신을 귀하게 여기면서도 결과에 가서 어떻게 된다는 것은 알지 못하고 관심 밖에 두고 살아가고 있다고 합니다.

사람을 창조하신 주인은 사람이 처음 태어나는 날부터 끝이 되는 날까지 그 몸을 경영하시며 피조물들에 한눈팔지 말고 천국 길을 평탄케 정돈하며 살라고 가르치십니다. 성경에 기록이 되어있습니다. 그런데 사람들이 거부한다고 합니다. 거부한 자 중에서 심령이 가난하고 허전함을 느끼는 자들만 자신을 돌아보게 되면서 막연하지만 두리번거리며 찾아보자 하고 종교의 문을 두드리며 이곳저곳을 들여다보게 된다고 합니다. 그러한 자 중에서 창조주께서 살펴보시고 택정을 하십니다. 그리고 아브라함과 같이 찾는 자 또는 야곱과 같이 찾는 자를 택정을 하게 됩니다.

과거도 아니고 미래도 아닙니다. 우리가 살아가고 있는 바로 지금 오늘날입니다.

혼이 심어진 몸으로 살다가 신앙심이 발생하면 영혼이 됩니다. 문제는 신앙으로 모시는 영이 거룩한 영인지 더러운 영인지 선택을 잘해야 합니다.

더러운 영을 섬기면 갈등이 발생하게 되고 거룩한 영을 선택하면 평안을 얻게 됩니다. 그리고 믿는 대상이 어느 때가 되면 확실하게 보게 됩니다. 더러운 영은 변덕이 많아서 생활에 실패하는 경우가 많이 발생하게 됩니다. 거룩한 영은 혼자서 그 영의 뜻을 따르기에는 버겁습니다. 그러므로 실패하는 경우가 발생하기 때문에 인내가 필요합니다.

거룩한 영은 고대부터 내려오는 줄기가 있습니다.

그 반열만 알고 따라가면 낙원이라는 종착역에 무사히 도착하게 됩니다. 바로 예수 그리스도께서 말씀하신 천국입니다.

그 반열을 만나기란 쉽지 않습니다. 그리스도의 반열을 만나 믿게 되면 처음에는 타인들에게 조롱과 핍박을 받게 됩니다.

그 고난을 죽기 살기로 이겨내야 합니다. 그러면 은혜를 받아 영적으로 자유가 됩니다. 왜냐하면 천국을 받게 되기 때문입니다. 그리스도의 반열에 든 자는 칠 년 안에 하나님을 보게 됩니다.

성경은 실행하는 말씀입니다. 적당히 해석하는 말씀이 아니라는 것부터 믿는 자들이 깨닫고 심도 있게 정독해야 합니다.

좋은 말씀

창조주의 나라 법으로 만물을 조성하시고 우리에게 영생을 가르쳐 주시는 존엄님께 진심으로 감사와 경외를 올립니다.

각기 생명을 귀하게 여기도록 가르쳐주시는 예수 그리스도의 말씀들을 깨닫는다면 영원히 행복합니다. 아무나 이해 할 수 있는 성경 말씀이 아닌 것은 분명합니다.

성경 말씀의 비밀을 찾는 자들에게만 깨달을 수 있는 복의 말씀입니다. 성경은 세상에서 가장 으뜸가는 사람들의 생명록입니다.

그러므로 그 말씀을 터득하기란 쉬우면서도 또한 지극히 어려운 순리가 있습니다.

예수 그리스도는 사람들에게 심어진 잃어버린 생명을 알려주는 말씀입니다. 예수는 사람과 같이 몸이 있지만 그 안에 심어진 그리스도는 창조주 생명의 말씀입니다.

그 말씀으로 하나님께 경배한다면 응답하십니다.

고린도전서 15장, 그 기록을 잘 살펴보시면 이해가 됩니다.

믿음의 핵심은 예수 안에 계신 그리스도의 존엄입니다.

예수 안에 계신 그리스도를 모르면 백년 천년을 믿어도 도로 아미타불이 됩니다.

예수 그리스도에 대한 믿음이 형식적으로 또는 사치심으로 또는 의식적으로 행한다면 그리스도의 은혜를 받을 수가 없습니다.

그리스도 안에 계신 존엄이 사람들의 생명을 주장하십니다.

예수 그리스도를 진실로 믿는 그 신자는 그 존엄을 깨닫고 경외해야 합니다. 그렇지 못한 믿음이라면 모두 쫄딱 망하는 헛수고 믿음이 되는 것입니다. 성령의 말씀입니다.

[요한복음 6장 30절. 저희가 묻되 그러면 우리로 보고 당신을 믿게 행하시는 표적이 무엇이니이까.]

표적이 무엇이니이까: 묻고 있습니다. 그 의미는 예수님께서 하신 말씀을 전혀 이해하기가 어렵다는 뜻입니다. 그 의미를 표적이라고 하며 질문하고 있습니다. 이해 못하는 말씀은 모두 표적이 됩니다. 그리고 사람들의 교훈이나 지식으로 이해하게 됩니다.

표적의 비밀은 구원의 말씀입니다. 예수 그리스도께서 말씀하신 그 말씀 속에 사람들이 구원받고 천국으로 돌아가는 길이 담겨있습니다. 오늘날 성경 말씀은 모두 표적으로 진행하고 있습니다.

예수 믿는 사람들이 보고 있는 성경 말씀은 표적이 되기 때문에 거듭난 자도 없고 부활한 자도 없는 것입니다.

그러나 모두 알고 있다고 생각하는 것입니다.

성경 말씀을 깨달은 사람은 거듭나 하나님도 보고 예수님도 보게 됩니다. 그러므로 표적으로 보던 말씀이 생명으로 나타나게 되는 것입니다. 그 말씀이 바로 ○○○입니다. 아무에게나 쉽게 가르쳐 줄 수 없는 아주 귀한 지존의 말씀입니다. 믿음으로 깨끗하게 닦아진 신자들에게만 가르쳐주는 보화입니다. 예수님께 질문하는 무리는 아직 예수님의 말씀을 이해할 수 있는 믿음에 이르지 못하고 있습니다. 그러므로 표적이 뭐냐고 질문하는 것입니다. 말씀을 모르면 표적이 되기 때문입니다.

성경 말씀을 이해하는 것이 아니라 표적만 보고 예수 믿는 자들이 많은 것은 사실입니다. 말씀을 모르면 표적이 되고 알면 생명이 됩니다. 오래도록 믿어왔지만 그 믿음이 변화를 받지 못했다면 그 철 옹벽같이 단단한 믿음의 옥합을 깨뜨리듯이 박살을 내버리고, 예수 그리스도 생명의 말씀으로 다시 시작해야 합니다.

그러면 칠 년 안에 반드시 예수 그리스도를 보고 천국으로 돌아가게 됩니다. 성경은 거짓이 없는 실행하는 말씀입니다.

참 떡과 떡

[요한복음 6장 31절~40절 중.

31. 기록된바 하늘에서 저희에게 떡을 주워 먹게 하였다 함
과 같이 우리 조상들은 광야에서 만나를 먹었나이다

32. 예수께서 이르시되 내가 진실로 진실로 너희에게 이르노
니 하늘에서 내린 떡은 모세가 준 것이 아니라 오직 내 아버
지가 하늘에서 내린 참 떡을 너희에게 주시나니

33. 하나님의 떡은 하늘에서 내려 세상에 생명을 주는 것이
니라]

[원문 히브리 성경: 만나의 본래 의미는 의문사. 무엇, 어찌
하여, 어떻게? 무슨 목적, 막연한 뜻으로 무엇을. 질문할 때
만나라고 칭하게 되었다고 합니다. 만나는 즉 의문이라는 뜻
이라고 합니다.

광야에서 의문의 말씀을 받았다는 뜻으로 만나를 먹었다고
기록이 된 말씀입니다. 사람의 입으로 먹는 만나가 아니라 영
적으로 먹은 만나, 즉 어떤 말씀을 들었다는 뜻입니다.]

예수님께 질문하는 무리는 모두 하나님의 백성이라고 자부
하는 자들입니다. 생명의 말씀들을 떡으로 비유하여 진행하

고 있습니다. 떡에 대한 비유를 깨달아야 합니다. 바로 OOO 입니다.

하늘에서 저희에게 떡을 주워 먹게 하였다 함과 같이,

즉 먹었다는 것이 아니라 먹었다 함과 같이, 하나님께서 주시는 생명의 떡 먹기 전에 광야에서 만나 즉 의문의 만나를 먼저 먹었다는 무리의 증언입니다. 조상님들은 광야에서 생명의 떡 대신 의문의 만나, 즉 말씀을 들었다는 뜻입니다. 그 만나는 모세에 의해서 준 양식이 되고 예수님께서 주시는 떡은 모세가 준 만나와 같은 의문의 양식이 아니라 오직 내 아버지께서 하늘에서 내린 참 떡을 너희에게 주시나니, 성경적 하늘과 우리의 눈에 보이는 저 높은 하늘과는 다릅니다.

광야에서 의문의 만나를 먹은 후손 중에서 예수 그리스도의 참 떡을 먹을 수가 있습니다. 광야도 영적 광야입니다.

실제로 구원받는 순리가 그렇게 되어있습니다. 성경적 만나를 먹지 않은 조상님의 후손은 구원을 받을 수가 없습니다. 그렇다고 사람의 입으로 먹는 만나가 아닙니다.

하나님의 법의 말씀을 깨달아가는 과정을 먹었다고 합니다. 믿음으로 어느 곳을 정결하게 씻겨주는 뜻을 먹는 양식으로 비유한 말씀입니다. 성경적 하늘은 사람들의 생명이 거하는 곳입니다.

성경적 광야는 하나님의 백성들이 하나님께 제사 지내는 곳을 비유로 광야라고 칭한 말씀입니다. 즉 외적 교회도 되고 내적 교회도 됩니다. 영적으로 교회라 함은 원문 성경 헬라어로 '에클레시아.' 즉, 불러내어 시작하는 시점 또는 집회한다는 뜻입니다.

그곳에 하나님의 백성들만 있는 것이 아니라 또 다른 존재들도 있습니다. 그들은 다른 이름으로 부르게 됩니다.

즉 짐승이나 새 물고기 등으로 칭합니다.

그러나 같은 사람입니다. 예수님께 질문하는 무리가 예수님의 떡도 광야의 만나와 같은 것으로 이해하려고 질문하고 있는 상황입니다. 왜냐하면 예수님의 말씀도 이해를 못 하고 의문으로 듣게 되기 때문입니다. 예수님께서 말씀하시는 떡을 무리가 이해를 못 하고 만나 생각만 하면서 질문하기 때문에 예수님께서 내가 너희에게 주는 떡은 의문의 만나가 아니라 만나와 다른 참 떡이라고 설명하고 있습니다.

성경적 광야는 지구 어느 곳 광활한 불모지가 아닙니다. 영적 광야입니다. 즉, ○○○입니다. 믿음이 이루어진 자들만 아는 하늘나라 광야입니다.

영적으로는 모든 사람이 애굽과 광야에서 생활하고 있습니다.

단, 하나님을 경배하는 자들과 우상을 섬기는 자들과 나누어져 있습니다. 성경적 광야와 성경적 하늘은 예수 그리스도의 말씀이 어느 정도 이해가 되었을 때 볼 수 있는 곳입니다.

하나님의 말씀을 땅에 내려놓고 이해한다면 사람들의 생활로 나타나고, 이상 시대로 올려놓고 보면 이해하기가 어려워집니다.

왜냐하면 각자 본인의 생명을 잃어버렸기 때문에 하나님의 말씀을 올바로 이해하지 못하게 되는 것입니다. 그래서 사람의 생각과 지식으로 해석하게 되는 것입니다.

하나님의 떡은 하늘에서 내려 세상에 생명을 주는 것이니라: 이 말씀은 문자적으로 이해할 수 없는 사람들의 생명을 비유로 떡이라고 기록이 된 말씀입니다.

만나, 참 떡, 떡은 과연 무엇에 대한 비유일까?

만나는 하나님의 바람을 가르쳐주는 법의 말씀을 비유로 만나라고 기록이 된 말씀입니다. 하나님은 흠이 있는 믿음은 받으시지 않습니다. 만나는 이스라엘 민족들의 그 믿음을 깨끗하게 씻어주는 하나님의 법을 의미하고, 예수님의 참 떡은 영생하는 생명의 말씀입니다. 즉 ○○○입니다. 하나님의 떡은 모든 사람의 생명에 대한 비유입니다. 모든 사람이 하나님께서 비유로 말씀하신 떡을 먹으며 인생을 살아가고 있습니다.

그러나 그 생명의 떡을 알고 인생을 살아가는 사람은 없다고 봅니다. 일차적으로 떡이라고 한 생명을 아는 자들이 다음으로 먹어야 할 떡은 예수님께서 주시는 참 떡을 먹게 됩니다.

그 참 떡을 먹어야 구원받고 천국으로 돌아가게 됩니다.

참 떡의 비유는 영생하는 생명의 말씀입니다. 어떤 말씀이 영생하는 생명의 말씀인지 그게 궁금하리라고 생각이 듭니다. 영생하는 생명의 말씀은 이 문장에 솔직하게 밝힐 수가 없습니다.

성경에서 비밀로 진행하고 있습니다. 필자도 그 법도를 따라야 하기 때문에 ○○○으로 기록하게 된 것입니다.

예수님께서도 마지막에 수석 제자들에게만 비밀리에 가르쳐 준 존엄한 말씀입니다. 하나님의 말씀은 역사가 없습니다. 우리 시대의 말씀이면서 각 사람들의 생명이 됩니다.

성경을 멀리 역사로 보는 자들을 하나님의 말씀으로 비쳐 본다면 죽은 자들입니다. 그들은 즉 지옥으로 돌아가는 무리라고 합니다. 그러므로 그들은 이미 심판이 끝난 자들이라고 합니다.

[요한복음 6장 34~36절

34. 저희가 가로되 주여 이 떡을 항상 우리에게 주소서

35. 예수께서 가라사대 내가 곧 생명의 떡이니 내게 오는 자는 결코 주리지 아니할 터이요 나를 믿는 자는 영원히 목마르지 아니하리라

36. 그러나 내가 너희더러 이르기를 너희는 나를 보고도 믿지 아니 하는도다 하였느니라

내게 오는 자는: 오늘날 예수 그리스도를 믿는 신자들이 성경적으로 예수님께로 가고 싶어도 예수님께서 어디에 계시는지 그곳을 알아야 하는데 모르고 있습니다. 예수님께서는 **내게 오는 자는 결코 주리지 아니할 터이요:** 그렇다면 반드시 예수님께로 가야 하는데 예수께서 믿는 자들의 눈앞에 보여야 그곳으로 가든지 말든지 결정을 하지! 정말로 답답한 노릇이 아닌가 싶습니다.

그러다 보니까 보지 못하고 예수를 믿게 되는 것입니다.

아무리 진실로 믿으려고 해도 진실 자체가 무슨 뜻인지 아는 바가 없어 무턱대고 믿기만 하게 되는데, 그 믿음은 도대체 어디로 향해서 가는 믿음인지 믿는 자들도 모르고 무의식적으로 믿을 수밖에 없는 현실이 된 것입니다. 믿음의 목적이 절박하다는 것입니다. 그러나 그렇게 생각하고 예수를 믿는 사람은 없다고 봅니다.

모두 예수를 알고 믿는다고 생각하고 있다고 합니다. 생각, 믿음은 백년 천년을 믿어도 망하는 믿음이 됩니다.

성경에 나를 보지 않고 믿는 자가 복이 있도다: 그 말씀은 제자들이 아직은 예수님의 말씀을 이해 못하고 듣기만 할 때 그 믿음이 진실하다면 후일에 보게 된다는 뜻으로 하신 말씀입니다.

예수님의 말씀을 듣는다고 해서 즉시 깨닫게 되는 생명의 말씀이 아닙니다. 예수님을 보게 될 때 그 말씀이 생명으로 보이게 되고, 예수님을 보지 못할 때는 의문의 말씀으로 진행하게 됩니다.

앞에서도 설명한 바가 있지만 예수님은 우리와 똑같은 사람입니다. 다만 그 전하시는 말씀 안에 영생하는 생명이 담아져 있습니다. 평생을 보지 못해도 믿기만 해도 구원을 받게 된다는 말씀이 아니라는 것을 깨달아야 합니다. 예수님 생명의 말씀은 모든 사람들과 함께하고 있습니다. 그러나 ○○○으로 있기 때문에 인식을 못 하고 믿고만 있는 것입니다.

예수님을 보지 않고 믿어도 복이 된다는 그 말씀을 그대로 믿고 '거룩, 거룩'하며 예배를 드리고 있는 현실입니다. 그 의식은 좋으나 결과는 보장이 없습니다. 성령의 말씀입니다.

앞에서도 말한 바와 같이 예수님께서 양심이 있다면 오늘날 자기를 믿는 신자들에게 내로라하며 나타나야 합니다. 평생을 믿어왔지만, 볼 수 없는 예수를 믿고 있는 겁니다.

예수님을 믿는 신자들에게 충격적인 것은 겉으로 믿는 자들에게는 평생을 믿어도 나타나지 않는 예수님이지만 비유를 풀고 안으로 들어가 믿는 자들에게는 성경대로 날마다 마주보며 대화하며 함께하고 계십니다. 사실입니다. 생명의 나라 법은 그렇게 확실합니다. 그러므로 생명의 나라 법을 깨달아야 합니다.

예수 그리스도는 다른 이름으로 모든 사람과 함께하고 있습니다.

사람들이 그 사실을 느끼지 못하는 이유는 본인의 생명을 소홀이 여기며 살아가기 때문입니다. 각기 본인의 생명을 찾는 사람은 별로 없습니다. 성경에서 [찾으라 찾을 것이요] 이 말씀은 바로 본인의 생명을 찾으라는 뜻입니다. 다른 어떤 것을 찾으라는 말씀이 아닙니다. 각기 자기의 생명을 잃어버리고 세상을 살고 있습니다.

그 잃어버린 생명이 예수 그리스도로 칭하여 사람들에게 깨닫게 하려고 오신 구원자 예수 그리스도입니다. 그러므로 예수 그리스도는 각 사람들의 잃어버린 생명입니다.

그 생명을 영접해야 합니다. 믿음이라는 문자는 영적으로 삶과 죽음의 길을 구별하여 옳은 길을 가르치는 핵심입니다. 자기 생명을 알고 지키며 살아가는 사람은 없다고 봅니다. 모두 자기 생명을 모르고 또는 잃어버리고 인생을 살고 있는 것입니다.

처음에는 예수 그리스도를 믿다가 깨닫고 예수 그리스도가 본인의 잃어버렸던 생명이라는 것을 발견하게 됩니다. 그리고 확실하게 알게 됩니다. 예수 그리스도는 사람과 떨어져 있는 존재가 아닙니다. 사람의 눈으로 볼 수는 없지만 사람과 함께 하고 있는 생명입니다. 육체가 존재하는 동안 그리스도의 생명도 함께하고 있습니다. 성경적으로 죽어있는 자들이기 때문에 자기 생명에 대한 인식을 못 하고 인생을 살고 있는 것입니다.

[요한복음 6장 29절. 예수께서 대답하여 가라사대 하나님의 보내신 자를 믿는 것이 하나님의 일이니라 하시니]

외적으로 보내신 자가 있고, 내적으로 보내신 자가 있습니다. 외적으로 보내신 자는 말씀을 가르쳐주는 우리와 똑같은 사람이 되고. 내적으로는 그 가르침 속에 보내진 자가 또 있습니다.

내적으로 보내신 자는 사람들의 생명이 되신 거룩한 존엄입니다.

그 존엄을 임마누엘이라고 합니다. 예수님 몸은 우리와 똑같은 사람이지만 자신의 몸에 대한 말씀을 무리에게 가르쳐

주는 것이 아니라 사람들에게 심어진 내적으로 보내신 자를 가르쳐주고 있습니다. 무리는 그 생명의 말씀을 이해하지 못하고 표적으로만 보고 질문하는 상황입니다. 표면의 문자 말씀으로는 사람의 생명을 발견하기는 불가능합니다. 그래서 무리가 표적으로 보고 있는 것입니다. 성경에서는 잃어버린 생명이라고 하지를 않고 죽은 생명이라고 기록이 되어있습니다. 본인의 생명을 모르면 죽은 자라고 합니다.

오늘날 예수를 믿는 사람들은 그리스도를 깨달아야 합니다. 그리스도를 깨닫지 못하면 그 투자한 믿음은 마지막 날에 흔적도 없이 사라져 버립니다. 고린도전서 15장 40절부터 자세히 기록되어 있습니다.

예수님의 말씀을 깨달으면 먼저 보게 되는 대상은 본인의 생명입니다. 그 생명이 그리스도입니다. 그 생명으로 하나님께 경외하면 하나님께서 묵시로 응답하십니다.

그러면 성경적 하늘나라를 보게 되고 예수님도 보게 됩니다. 과거의 말씀이 아니라는 것부터 인식해야 합니다. 현재입니다.

[요한복음 6장 37~40절

37. 아버지께서 내게 주시는 자는 다 내게로 올 것이요 내게 오는 자는 내가 결코 내어쫓지 아니하리라

38. 내가 하늘로서 내려온 것은 내 뜻을 행하려 함이 아니요

39. 나를 보내신 이의 뜻을 행하려 함이니라 나를 보내신 이

의 뜻은 내게 주신 자 중에 내가 하나도 잃어버리지 아니하
고 마지막 날에 다시 살리는 이것이니라
40. 내 아버지의 뜻은 아들을 보고 믿는 자마다 영생을 얻는
이것이니 마지막 날에 내가 이를 다시 살리리라 하시니라]
(예수를 믿는 믿음이 이루어지는 날이 마지막 날, 세상 마지
막이 아님)

[요한복음 6장 35~40절]

내게 오는 자는 결코 주리지 아니할 터이요: 이 말씀의 뜻을
이해하기란 참으로 애매합니다.

[내게로 오는 자는 내어 쫓지 아니하리라.]

왜냐하면 내게로 오는 자는, 즉 예수님이 어디에 또 어느
곳에 계신지 그곳이 의문입니다. 그곳을 찾아가야 합니다. 멀
리 계신 예수 그리스도가 아닙니다. 그곳을 찾아서 예수님을
믿어야 구원받고 천국으로 들어가게 되는데 그 계신 곳을 모
르면서 믿는 것은 허사가 됩니다.

예수님 말씀을 듣고 있는 무리가 전혀 이해를 못 하고 예수
님의 말씀을 의문으로만 듣고 있습니다.

이 말씀 중에 핵심은 내게 오는 자는 입니다.

36. 너희는 나를 보고도 믿지 아니하는 도다: 너희와 저희와
구분이 됩니다. 너희는 좀 가까이 있다는 뜻이고 저희는 멀
리 있다는 뜻입니다. 가까이 있는 너희라고 하는 자들이 예
수님의 말씀을 믿지 아니한다는 말씀입니다.

오늘날, 예수를 믿는 신자들은 예수님과 가까이 있는 너희일지 아니면 멀리 있는 저희일지 생각해 봐야 합니다.

예수 그리스도를 믿는 신자들은 마음을 깨끗하게 하고 믿어야 합니다. 왜냐하면 사람이 미처 모르고 있는 각기 생명에 대한 생사가 달린 예수님의 말씀이기 때문입니다.

사람들이 마지막 죽음으로 돌아갈 때, 왜 슬픔으로 떠나는지 아는 사람은 별로 없다고 봅니다. 바로 각기 본인의 생명이 되는 예수 그리스도의 말씀을 모르고 또 영접을 못 하고 살아왔기 때문입니다. 예수 그리스도를 믿는 사람 중에 예수 그리스도를 알고 믿는 사람은 별로 없습니다.

만일에 예수 그리스도를 알고 믿는 사람에게 말씀이 이루어지면 어떤 일이 벌어지느냐 하면 첫째 신앙생활이 없어집니다.

그리고 믿음도 없어집니다, 소망도 없어집니다. 그리스도께서 모두 해결해 주기 때문입니다. 그러므로 교회나 사찰이나 무속인이나 조상님 제사나 그의 산소나 찾아갈 필요가 없게 됩니다.

그리스도의 존엄께서 모두 해결해 주시기 때문입니다.

창조주 하나님을 피조물들이 하찮게 여기고 인생을 살아가고 있다고 하는데 맞는 말인지 아니면 모르고 하는 말인지는 알 수 없으나 그 생활상태를 본다면 창조주의 뜻을 벗어나 각기 나름대로 살고 있는 것만은 분명한 사실입니다.

그러므로 마지막 때에 천국을 받지 못하고 슬픔으로 떠나게 되는 것입니다. 예수를 믿는 자들에게만 해당이 되는 말씀이 아닙니다.

모든 사람에게 주어진 특별한 생명의 말씀이 예수님의 말씀입니다. 성경에 마지막 날 이를 갊이 있으리라 기록이 되어있습니다.

예수 그리스도를 모르고 또 외면한 자들은 마지막 때 심한 고통을 받으며 이를 갈게 된다고 합니다. 예수 그리스도는 타인이 아니라 모든 사람과 함께하고 있는 영원한 생명입니다.

그러나 영접하지 않고 각자 자기들 방식대로 살아가고 있는 것입니다.

[아버지께서 내게 주시는 자는 다 내게로 올 것이요 내게 오는 자는 내가 결코 내어 쫓지 아니하리라.]

결코 쫓아내지 아니하리라: 예수 그리스도는 어떤 곳 안에 계십니다. 그러나 예수를 믿는 사람들이 어떤 곳 안에 계신 예수 그리스도를 모르고 믿고 있는 것입니다.

왜냐하면 내어 쫓지 아니하리라 즉 밖에 계신 것이 아니라 어떤 곳 안에 계시다는 뜻입니다.

참으로 충격인 말씀입니다. 예수님께서 계신 어떤 안쪽, 이 말씀을 이해하는 기독교인이 있다면 하나님을 봅니다.

이해를 못 하고 믿기만 한다면 속된 말로 하자면 겉물만 핥아먹는 믿음이 되어 쫄딱 망하게 됩니다. 그리고 마지막 날에 이를 갈며 지옥으로 돌아가게 됩니다.

예수님은 밖에 계신 분이 아닙니다. 어떤 안에서 말씀을 전하고 있습니다. 그 안에 계신 분이 바로 ○○○입니다. 예수 믿는 사람들이 깨닫지 못하는 이유는 예수님께서 전하는 말씀이 무슨 뜻인지 이해를 못 하고 있기 때문입니다. 예수님께서 전하는 말씀은 그리스도입니다. 그 그리스도는 사람들의 생명입니다. 그 생명을 예수님께서 무리에게 가르쳐 주고 있는 것입니다.

그리스도께서 내게 오는 자는 참으로 귀한 생명이라 보시고 밖으로 내쫓지 않는다는 말씀입니다. 믿음이 정결하지 못하면 그리스도에게로 가까이 갈 수가 없다는 말씀입니다.

믿음으로 정결케 씻어진 자들만 가까이 갈 수 있는 자격이 주어집니다. 믿음이 정결하게 된 자들은 낯가림하지 않습니다.

즉, 인간적으로 또는 종교 또는 종파를 초월한 자들입니다. 그러므로 그들만이 거룩한 하나님의 음성을 듣게 됩니다.

[요한계시록 11장 2절. 성전 밖에 마당은 측량하지 말고]

[요한복음 6장 36절. 너희는 나를 보고도 믿지 아니하는도다]

창조주 뜻 안에서 본다면 예수 그리스도는 살아계신 하나님의 성전입니다. 이 문장에 예수 그리스도께서 계신 곳과 말씀을 듣는 자들과 그 위치가 다름이다. 즉 예수 그리스도께서 바라는 믿음과 하나님의 백성이라고 칭하는 자들의 믿음과 다릅니다.

예수 그리스도의 말씀을 믿는 자들이 아니라 말씀을 이해 못하고 표적으로 보는 자들입니다. 그러고는 하나님의 법을 지키는 백성이라고 내세우는 자들입니다. 성경적으로 예수님의 말씀을 이해하게 되면 예수 그리스도를 깨달아 보게 됩니다.
　필자가 하는 소리를 믿어야 합니다.
　절대적입니다. 그리스도를 믿음으로 깨달아야 합니다.
　예수님은 자기를 전하는 말씀이 아니라 그리스도를 전하고 있는 것입니다. 그러므로 예수는 그리스도입니다.

"

예수의 질문

[마태복음 16장 15~20절

15. 가라사대 너희는 나를 누구라 하느냐

16. 시몬 베드로가 대답하여 가로되 주는 그리스도시요 살아 계신 하나님의 아들이시니이다

17. 예수께서 대답하여 가라사대 바요나 시몬아 네가 복이 있도다. 이를 네게 알게 한 이는 혈육(血肉)이 아니요 하늘에 계신 내 아버지시니라

18. 또 내가 네게 이르노니 너는 베드로라 내가 이 반석 위에 내 교회를 세우리니 음부의 권세가 이기지 못하리라

19. 내가 천국 열쇠를 네게 주리니 네가 땅에서 무엇이든지 매면 하늘에서도 매일 것이요 네가 땅에서 무엇이든지 풀면 하늘에서도 풀리리라 하시고

20. 이에 제자들을 경계하사 자기가 그리스도인 것을 아무에게도 이르지 말라 하시니라]

오늘날 예수 그리스도는 다른 이름으로 일을 하고 계십니다. 즉, 사도 이름으로 일을 하고 있습니다. 그러나 그 말씀만은 예수님 구원의 말씀과 동일합니다. 사도들의 말씀도 예수

님의 말씀입니다. 하나님께서 본인의 일을 아들 예수 그리스도에게 위임하셨고, 예수 그리스도는 자기 임무를 제자 사도들에게 위임하고 뒤에서 돕고 계십니다. 그러므로 사도로 일하는 자들은 생명의 길을 확실하게 보고 구원하게 됩니다.

이 말씀을 보고 이해한다면 예수 그리스도의 말씀이 무슨 뜻인지 확실하게 알게 됩니다. 인간적이 아니라 영적입니다.

예수님의 말씀을 볼 때 영적으로 본다면 하나님을 보게 됩니다. 그게 바로 성경적 소경이 눈이 떠져 보지 못했던 성경적 하늘나라를 본다는 뜻입니다. 성경 말씀의 본질이 그렇게 되어있습니다.

필자는 어느 먼 곳 틈새 구석진 곳에 처박혀 희미하게도 보이지 않는 모습으로 살고 있는 비천한 자입니다.

하나님으로로부터 그리스도를 확실하게 받아 알기 때문에 그리스도를 증거할 수가 있습니다. 사람에게 가르침으로 받는 말씀이 아니라 하나님으로부터 직접 받았기 때문에 영원한 생명이 되는 것입니다. 그러나 육신과는 별개입니다. 육신은 변함없이 그 모습 그대로입니다. 그러므로 사람을 창조하신 지존님의 뜻 중에서 사람이 절대적으로 지켜야 할 법을 하나님의 정도(正道)로 알게 된 자입니다. 각기 사람들의 생명 길을 사도들과 같이 믿는 자들에게 확실하게 알려줘 현실에서 근심 없이 자유롭게 마음 편히 살아가도록 가르쳐 주고, 또 믿는 자들이 종식하는 마지막 때 두려움 없이 좋은 곳으로 돌아가게 하기 위해 고민하는 자입니다.

세상살이만 관심을 두고 즐기며 살라고 창조된 인간이 아니라고 합니다. 정해진 육신 시대의 고난을, 그리스도를 이루어 막혀있는 인생길에서 그리스도의 열린 문으로 탈출해야 합니다. 그리스도는 영적으로 죽은 자를 살려주는 생명의 말씀입니다.

현재 사람들에게 심어진 생명은 지옥 생명입니다. 즉 성경적으로 죽은 생명이라고 합니다. 예수 그리스도를 믿음으로 깨달아야 합니다. 그렇지 못하면 영원한 xxx로 돌아가게 됩니다.

성경 말씀은 한 사람도 빠짐이 없는 인류에게 해당이 되는 창조주의 법의 말씀입니다. 그러므로 유신론자나 무신론자나 모두 적용이 되는 지존의 법의 말씀입니다.

그러나 성경의 말씀을 그렇게 보는 사람은 지극히 귀합니다.

[사도행전 7장 38, 39절

38. 시내 산에서 말하던 그 천사와 및 우리 조상들과 함께 광야 교회에 있었고 또 생명의 도(道)를 받아 우리에게 주던 자가 이 사람이라

39. 우리 조상들이 모세에게 복종치 아니하고자 하여 거절하며 그 마음이 도리어 애굽으로 향하여]

성경 말씀은 육체 시대를 초월하여 이상(理想)세계의 말씀으로 이해하고 정독을 하는 것이 좋은 깨달음을 얻게 됩니다.

시내 산에서: 우리가 살아가고 있는 세상 산이 아닙니다. 영

적 생명의 법을 창출하는 비유의 산입니다.

광야 교회에 있었고: 세상 광야 교회가 아닙니다.

구원의 생명을 새롭게 가르쳐주는 곳의 비유입니다.

사람들의 그 답답한 심령을 밝게 비춰주는 빛의 말씀이 성경 말씀입니다. 그러나 답답하다고 생각하며 신앙생활 하는 사람은 별로 없다고 봅니다. 오늘날 교회에서 예배드리며 설교를 듣는 신자들이 성경 말씀으로 변화를 받지 못한다면 믿음의 조상님들이 광야에서 의문의 만나를 먹는 것과 같습니다.

사람이 외국으로 관광을 갈 때 반드시 안내자와 계약하게 됩니다. 그리고 안내자를 따라다니며 볼거리를 구경하고 돌아오게 됩니다. 낯선 외국에 가서 안내자가 없다면 고생만 하다가 돌아오게 됩니다. 그와 같이 신앙생활도 믿는 대상을 확실하게 봐야 합니다. 그리고 그의 뜻을 따라가야 합니다. 그렇지 못하면 수렁에 빠지게 됩니다. 믿는 대상을 보지 못한다면 그 믿음은 쫄딱 망하는 믿음이 됩니다. 그러므로 믿는 대상을 반드시 봐야 합니다.

예수 그리스도의 가르침입니다. 처음에는 믿는 대상을 볼 수가 없습니다. 믿음이 성장하면 반드시 보게 됩니다. 예수 그리스도를 오래도록 믿어왔지만 예수 그리스도를 보지 못했다면 그 믿음은 죽은 믿음이 됩니다. 예수 그리스도를 봐야 마지막 날에 그의 인도함으로 천국을 가게 됩니다. 예수 그리스도는 다른 이름으로 언제나 사람들과 함께 있습니다. 믿음이 올바르지 못하기 때문에 그를 못 보게 되는 것입니다. 많은 사람들이 예수를 믿다가 종식하게 되는데 모두 그를 못 보고 믿어왔기 때문에 천국을 가지 못하고 지옥으로 가게 되는 것입니다. 반드시 믿음의 대상을 보고 그의 가르침으로 인도함을 받아야 믿음이 성공하게 됩니다.

예수 그리스도를 믿는 자라면 다시금 고민해 봐야 합니다.

이 글을 보시는 독자분들께 좋은 행운이 임재하기를 기원합니다. 아멘.

생명의 복과 길

깊은 마음으로 자신을 돌아보며 인생을 살아가고 있는 사람이라면 세상에 펼쳐져 있는 경전이라는 책을 유심히 살펴보는 것도 본인에게 유익하다고 생각합니다.

사람은 반드시 봐야 할 책이 있다면 바로 성경책입니다. 성경이라는 책에 기록된 말씀은 모든 인생에 좋은 곳을 알려주며 그곳으로 안내하는 인도자와도 같습니다.

그러나 그 책의 말씀을 사람들 생명의 떡으로 이해하기란 여간 까다로운 말씀인 것은 분명 합니다.

그러므로 그 책의 말씀을 전통적으로 깨닫고 이어오며 보는 자를 찾아 만나서 같이 동행하게 된다면 어려운 말씀은 아니라고 생각합니다. 창조주의 진리를 깨달은 성인들이 세상을 살아가고 있는 사람들에게 주어진 운명, 즉 팔자 속에 잠재하고 있는 길함과 흉함의 길을 알려주는 말씀이기 때문에 가능하면 경전이라는 책을 자주 정독하며 생활하게 되면 사람들이 미처 발견하지 못한 또 하나의 시대가 있다는 것을 깨닫게 됩니다.

필자는 기독교의 주체가 되는 성경 말씀을 오래도록 정독한 사람 중의 한 사람으로서 성경은 창조주의 진리 말씀이라는 의미를 다시금 터득하게 되므로 이전에 모르고 살아온 내 인생의 그 어둡고 답답했던 마음이 예수 그리스도의 말씀으로 생명의 빛을 보게 되면서 해결이 되었습니다. 각 사람은 자신의 마음이 어둡다고 생각하며 살아가는 사람은 없다고 봅니다. 모두 밝은 마음으로 살아간다고 생각하게 될 것입니다. 성경 말씀을 깨닫고 변화되어 밝은 마음으로 살아가는 사람과 각기 자신의 철학을 앞세우고 살아가는 사람과의 그 사이를 구렁이라고 기록이 되어있습니다.

왜냐하면 서로가 오고 갈 수 없는 관계라는 의미입니다. 각기 자신의 철학으로 인생을 살아온 사람과 창조주의 뜻을 터득하고 살아온 사람과 길함과 흉함의 길이 서로 다르기 때문입니다.

성경의 진리를 터득하고 살아가는 사람은 마지막 날의 고통과 괴로움을 크게 느끼지 못하고 황홀한 낙원으로 돌아갑니다.

그곳은 세상에서 경험하지 못한 지극히 황홀하고 평안한 곳입니다. 성경의 기록된 말씀대로 천국이라는 곳입니다.

필자는 그곳을 확실하게 본 자로서 이 글을 쓰게 된 것입니다.

세상보다 더욱 좋은 곳으로 돌아가기 위해 생명이 되는 나 야나라는 혼들이 인생살이에서 연단 받는 고난의 장소가 바로 몸이라는 장막이라고 합니다. 그 육체라는 장막을 자기 것으로 사용하던 혼들이 계약된 기한이 끝나면 필연적 주인에게 돌려주게 됩니다.

그 순리를 사람들은 죽음이라고 합니다.

창조주의 진리에 비춰 보면 사람의 몸이 죽는다고 해서 그의 혼도 따라서 죽는 것은 아니라고 합니다.

사람의 몸을 영적으로 때라고 합니다. 즉 시간이라는 뜻입니다. 그 시간이 다하면 그 몸은 흙으로 돌아가고 그 안에 존재하던 혼은 영의 인도함을 받아 그곳을 떠나 천국이나 지옥으로 돌아가게 됩니다. 그리고 후일에 다시 다른 몸으로 돌아오게 된다고 기록이 되어있습니다. (전도서)

사람의 생각과 사람을 창조하신 주인의 뜻과는 다르다고 합니다. 성경에 자세히 기록되어 있습니다. [이사야 55장 8, 9절]

성경은 육체에 대한 축복의 말씀이 아니라 그 육체에 심어진 혼에 대한 심판의 말씀입니다. 육신의 복을 받으려고 예수를 믿는 것은 착각입니다. 육신의 복은 세상에 태어난 그 자체가 복입니다. 왜냐하면 육체의 생활은 길지가 못합니다.

그러나 그 짧은 삶 속에서 영생의 진리를 선택할 기회가 주어져 있기 때문입니다. 사람을 창조하신 하나님의 뜻은 사람의 몸에 심어진 혼들이 몸을 이용하여 세상을 사는 동안 창조의 원인이 되신 하나님을 공경하라는 뜻으로 몸을 만들어 그 생명이 되는 혼에 입혔다고 합니다. 그 혼들은 육체 시대를 사는 동안에는 영의 지배를 받게 됩니다.

그래서 영혼이라고 합니다. 일부를 제외하고 사람이 본인의 마음대로 할 수 없는 것은 영의 지배를 받기 때문입니다.

삶 속에서 발생하는 실패와 성공과 장애와 병과 죽음은 모두 영들이 주장합니다. 사람이 주장하는 것이 아닙니다.

　성경은 모든 사람의 영혼을 주장하는 생명록입니다. 인생들이 사용하는 문자를 비유로 창조주의 나라 법을 기록했기 때문에 이해하기가 어렵습니다. 많은 사람들이 성경 말씀을 올바로 이해하지 못하고 각자 나름대로 해석하게 됩니다.

　그러므로 착각 신앙생활을 하는 사람들이 수도 없이 많다고 봅니다. 성경에 기록된 예수 그리스도는 언제나 사람들과 함께하고 있습니다. 그 사실을 아는 자가 별로 없다고 합니다.

　필자는 그 사실을 알기까지 육십 년이라는 세월을 보냈습니다.

　성경 말씀은 생각이 깊고 또 원인을 찾고자 하는 자들에게만 유익한 책입니다. 그 외에는 별로 해당이 되지를 않습니다.

인생들에 다음 시대가 있다는 것을 확실하게 알고 살아가는 사람은 별로 없다고 생각합니다. 필자가 본 바로는 확실하게 존재합니다. 그에 대한 관심 없이 세상을 살아가기 때문에 또한 그 사실을 알려고 하지도 않고 각기 마음 밖에서 자기 방식을 앞세우며 인생을 살아가고 있는 것입니다. 성경의 말씀은 양면성이 존재합니다. 세상 관행으로 이해할 수도 있고, 그 이상세계의 말씀으로도 이해할 수도 있습니다. 성경 말씀을 사람의 몸으로 살아가는 현실에다 내려놓고 본다면 참 좋은 가르침이 되고, 또 다른 시대에다 올려놓고 본다면 이해하기 어려운 의문의 말씀으로 이어지게 됩니다.

성경 말씀을 인간의 철학으로 이해한다면 교훈이나 상식이나 지식이 되면서 그 이상으로 진행하지 못하고 막혀버리게 됩니다.

그리고 인생들의 교훈, 또는 상식과 지식으로 영원히 이어가게 됩니다.

[마가복음 4장 12절. 이는 저희로 보기는 보아도 알지 못하며 듣기는 들어도 깨닫지 못하게 하여 돌이켜 죄 사함을 얻지 못하게 하려 함이니라]

보기는 보아도 알지 못하며: 오늘날 교회를 다니면서 예수를 믿는 사람 중에 '보기는 보아도 알지 못하며' 그 말씀을 이해하는 사람은 지극히 귀하다고 생각합니다.

예수님의 말씀을 듣는 자들은 깨달으라는 뜻입니다. 깨달아야 할 주인공은 바로 그리스도입니다.

예수님의 말씀은 자기를 믿는 자들이 지옥을 피하고 천국으로 보내기 위한 구원의 사역입니다, 모든 사람에게 심어진 생명은 예수님의 OOO입니다. 그 OOO의 주인은 창조주 하나님이십니다. 그런데 사람들은 자신의 생명도 모르고 평생을 살다가 허무하게 종식하게 된다고 합니다. 성령의 말씀입니다.

각 사람의 생명은 예수님 말씀 안에 계신 OOO입니다.

성경에 기록된 예수님의 말씀은 각 사람들의 영원한 생명의 떡입니다. 사람들 모두 하나님께서 주시는 생명의 떡을 먹으며 살아가고 있습니다. 사람뿐만 아닙니다.

창조주 하나님은 인생들에 그 떡값을 하도록 가르치기 위해서 보내신 자 하나님의 아들 예수 그리스도가 되십니다.

그 떡값을 못하는 자는 죄인이 됩니다. 예수를 믿는 사람들이 생명의 떡도 모르고 그 값도 모르는데 어떻게 할꼬! 걱정이 됩니다.

모르는 무지가 죄가 되는 겁니다.

[호세아 6장 6절. 하나님을 아는 것을 원하노라]

　예수님께서 무리에게 빚 갚는 방법을 가르치고 있는데 듣고 있는 무리가 이해를 못 하고 말씀을 표적으로만 보고 있는 것입니다. 성경 말씀은 각기 본인에게 적용되는 생명의 말씀입니다.

　기록한 역사는 있지만 생명으로 진행할 때는 역사가 없습니다. 각자 자기 생명이 무슨 역사가 있는지 생각해 보아야 합니다.

　하나님께 진 빚을 예수님의 말씀을 깨닫고 갚아야 죄 사함을 받게 됩니다. 인류는 모두 빚진 죄인입니다. 거저 받은 몸이 아닙니다. 각자 사람들은 자기 몸을 자유롭게 쓰고 있지만 그 몸을 경영하시는 이는 바로 ○○○입니다. 그러므로 각기 자기 몸이라고 할 수가 없습니다. 그리고 마지막 종식하는 날에 나야나는 몸과 이별을 하게 됩니다. 그 몸에서 떠나는 존재가 바로 나야나라는 혼입니다. 그 혼이 몸을 떠날 때 어떤 영과 함께 몸에서 나가게 됩니다. 그 영이 하나님의 영이 될 수도 있고 지옥의 영이 될 수도 있습니다. 예수 그리스도를 믿음으로 깨닫고 본 자들은 황홀한 천국으로 돌아가고 그렇지 못한 자들은 모두 지옥으로 돌아가게 됩니다. 그러므로 믿음을 이루어 예수 그리스도와 함께해야 합니다. 그래야 지옥의 영들이 가로채 가지 못합니다.

　말로만 함께 하는 것이 아니라 실제로 함께하고 있다는 것이 사실이 되어야 합니다. 즉, 그리스도를 직접 본다는 뜻입니다.

　못 보는 상태로 믿기만 하는 자들은 마지막 날에 모두 지옥의 영들에게로 돌아가게 됩니다. 성령의 말씀입니다.

[요한복음 6장 30절. 저희가 묻되 그러면 우리로 보고 당신을
믿게 행하시는 표적이 무엇이니이까]

예수님 말씀을 듣고 있는 무리는 예수님께서 전하는 말씀
을 이해하지 못하고 표적으로 듣고 있습니다. 그 표적은 바로
그리스도입니다. 그리스도를 이해하지 못하고 표적으로만 듣
고 있는 것입니다.

필자의 의도는 예수 그리스도는 언제나 오늘날 우리들 옆에
서 바라보시며 나는 구원자 하나님의 아들 예수 그리스도라!
예수님의 그 그리스도의 음성을 듣지 못하는 사람들에게 알
게 하려는 목적입니다. 그러나 예수 그리스도께서 모든 사람
옆에 함께하고 계신 것을 확실하게 아는 사람은 별로 없다고
봅니다.

그리고 예수님을 저 먼 이천 년 전 시대로 돌려놓고 바라보
며 믿는 사람이 많다고 합니다. 예수 그리스도의 말씀은 모
든 사람의 그 생명을 알게 하도록 오늘날에도 사람들 안에서
부지런히 일을 하고 계십니다.

예수님 생명의 말씀으로 하여 모든 사람이 살아가고 있습니
다. 예수 그리스도의 말씀이 사람들의 생명이 되기 때문입니다.

오늘날, 예수를 믿는 신자들이 예수님의 말씀이 현재 자기
들의 생명이라고 확실히 보고 믿는 사람은 한 사람도 없다고
봅니다. 입술로는 생명이라고 말할 수 있습니다.

오늘날, 예수님의 말씀을 깨달은 자들은 확실하게 예수 그

리스도를 보고 사도가 되어 구원의 일을 하고 있습니다.

그들은 천국도 봅니다. 하나님은 사람의 눈으로 볼 수도 있고 못 볼 수도 있는 영원히 살아계신 생명의 존엄입니다. 예수 그리스도의 말씀을 깨달은 자들은 하나님을 봅니다. 그리고 예수님도 봅니다. 본체가 영이시기 때문에 전하는 말씀 속에 계십니다.

그러나 오늘날 예수 그리스도의 사도를 만나기란 쉬우면서도 어렵습니다. 왜냐하면 동해 저 먼 곳에 계신 분이 아니라 아주 밀접하게 가까운 곳에 거하시기 때문입니다.

실제로 구원받고 하나님의 천국 사람이 되려면 죽기 아니면 살기로 찾아 나서야 합니다. 이 세상살이가 전부가 아닙니다. 구원자를 못 찾는다면 미지근한 믿음으로 성과 없이 그 사람 생명의 길은 쫄딱 망하게 됩니다.

[요한계시록 3장 15절~17절

15. 내가 네 행위를 아노니 네가 차지도 아니하고 덥지도 아니하도다. 네가 차든지 덥든지 하기를 원하노라

16. 네가 이같이 미지근하여 덥지도 아니하고 차지도 아니하니 내 입에서 너를 토하여 내치리라

17. 네가 말하기를 난 부자라 부요하며 부족한 것이 없다 하나 네 곤고한 것과 가련한 것과 가난한 것과 눈먼 것과 벌거벗은 그것을 알지 못하도다 네가 차지도 아니하고 덥지도 아니하도다

성경에 기록된 이 말씀은 이천 년 전 말씀이 아닙니다. 오늘날 각 사람과 함께하고 있는 생명의 말씀입니다. 예수님께서 무엇을 보고 차지도 아니하고 덥지도 아니하다고 책망을 하시는지? 그 대상을 확실하게 알아야 합니다. 그 원인을 알고 있는 기독교인이 있다면 정말로 하늘의 복을 받았을 것입니다. 오늘날 사람들의 그 믿음에 대한 답을 모르는 입장에서 의문으로 믿고 있지 않은지 생각이 듭니다. 어떤 사람처럼 구원도 받고 성령도 받았다고 자부하는 사람이 있다면 가슴에 손을 대고 양심에 물어봐야 합니다.

구원을 받게 되면 일단 그리스도를 보게 됩니다. 또 성령을 받게 되면 하나님의 나라를 보게 됩니다.

그게 아니라면 모두 사람의 생각으로 만들어 낸 거짓 구원이 됩니다. 예수를 믿는 사람들의 그 믿음이 미지근하기 때문에 하나님의 나라를 못 보고 거짓을 만들어 다니며 스스로 구원받았다고 안주하고 있는 것입니다.

왜냐하면 앞에서도 말한 바와 같이 예수라는 그 이름을 올바로 이해하고 믿는 것이 아니라 스스로 예수를 상상하며 믿기 때문입니다. 예수라는 이름을 올바로 알고 믿는 기독교인은 없습니다.

그러나 기독교 밖에는 있습니다. 진실한 믿음은 예수님을 믿는 것도 아니요, 보는 것도 아닙니다. 예수 그리스도를 본인 안에다 이루는 것입니다.

처음에는 이루지 못하고 믿다가 믿음이 성장하면 예수 그리스도를 이루게 됩니다.

처음부터 예수 그리스도를 이루는 믿음은 어렵습니다.

처음에는 예수 그리스도를 의문으로 믿다가 그 믿음이 말씀으로 성장하면 이루게 됩니다. 예수님의 말씀입니다. 확실합니다.

보지 못하고 믿는 자가 복이 있도다. 그 말씀을 그대로 믿고 이어간다면 무지한 자가 됩니다. 그리고 그 믿음은 망합니다.

배가 고픈 자가 먹을 것이 없어 배고픈데 그 먹을 것을 찾아 나선다면 반드시 찾아서 먹게 됩니다.

배가 고픈 자가 먹을 것을 찾지 못하면 배가 고파 죽습니다.

배가 고픈 자는 반드시 먹을 것을 찾아 나서게 됩니다. 배고픈데도 방심하고 가만히 있으면 죽습니다.

마찬가지로 예수를 믿는 자들이 오래도록 믿어도 예수 그리스도를 이루지 못하면 그 믿음은 배고파 죽은 믿음이 되는 것입니다.

예수 그리스도의 말씀은 영원한 생명의 말씀입니다. 그러므로 그 생명을 믿는 자들은 예수 그리스도를 이루어 간직해야 합니다. 즉 그리스도 말씀을 이루어 지켜야 합니다.

어려운 일이 아닙니다. 덥든지 차든지 하면 됩니다. 미지근하면 오래도록 믿어온 그 믿음은 쫄딱 망합니다.

예수라는 이름이 다른 사도 이름으로 진행하기 때문에 그 의미를 모르는 자들은 예수라는 이름만 계속 마음에 심어놓고 상상하며 예수 믿고 구원도 받았다고 자부하며 자랑도 한다고 합니다.

구원이라는 뜻은 예수라는 이름입니다. 예수라는 이름에 구원이 없다면 그 이름은 아무런 쓸데없는 오물이 되어 쓰레기통에 버리게 됩니다. 예수라는 그 이름에는 반드시 구원이 있어야 합니다.

예수를 믿었는데 구원을 받지 못하면 그 예수는 구원자 예수가 아닙니다. 그러므로 스스로 구원을 만들어 생각에 심어 놓고 나는 구원을 받은 부자라 그렇게 자랑을 하게 됩니다. 믿는 자가 구원받았을 때 예수라는 기름이 가치가 있는 겁니다.

오늘날, 실제로 구원자가 있다면 그는 예수가 되는 것입니다. 그러나 예수라고 하지를 않고 하나님의 종이라고 하게 됩니다.

예수라는 이름은 그 이루어진 자 안에 영원한 생명으로 심어져 구원의 말씀으로 진행하게 됩니다. 그러므로 굳이 예수라고 할 필요가 없습니다. 구원의 말씀이 예수기 때문입니다. 구원하는 자가 스스로 말씀 가운데서 이름을 만들면 됩니다.

예수님의 사도들이 모두 구원자 예수님입니다.

필자의 이와 같은 말을 이해하는 사람은 별로 없다고 생각합니다. 왜냐하면 예수라는 이름을 기독교에서 너무나 높이 올려놓고 믿기 때문입니다. 그러한 환상적 구원자 예수가 아닙니다.

우리와 똑같은 평범한 사람입니다.

구원하는 일을 하는 자들은 모두 예수 그리스도 이름이 적용됩니다. 구원하는 말씀 자체가 예수가 되기 때문입니다. 그러므로 그들은 모두 사도도 되고 예수도 됩니다.

예수가 독생자라고 기록이 된 말씀을 보고 사람과 같은 독생자로 이해하는 사람들이 많은 것은 사실입니다마는 영적으로 창조주의 뜻을 이루어 천국으로 가는 생명은 모두 독생자라고 칭하게 됩니다. 그 독생자를 깨닫고 각기 천국으로 가는 영혼이 되어야 합니다. 천국은 오직 하나뿐입니다.

그러나 지옥은 수도 없이 많다고 합니다. ○○○들이 모두 지옥이라고 합니다. 모든 사람의 생명은 하나뿐입니다.

그리고 천국도 하나뿐입니다. 독생자와 천국이 동일합니다.

예수 이름하면 구원이 됩니다. 구원과 예수 그리스도와 천국과 동일한 이름입니다. 예수 그리스도라고 할 수도 있고 구원이라고 할 수도 있고 천국이라고 할 수도 있습니다.

예수 그리스도 이름 안에 또 하나의 비밀이 있습니다. 그 비밀이 없는 예수는 다른 예수가 됩니다.

[고린도후서 11장 4절, 다른 예수]

구원하면 예수 그리스도, 예수 그리스도 하면 구원입니다. 믿는 자가 구원을 받으면 그리스도를 이루게 됩니다. 그런 순리를 오늘날 예수를 믿는 사람들이 모르고 예수를 믿고 있습니다. 충격적입니다. 그러므로 예수를 믿어온 사람들이 마지막 종식하는 날에 멍한 심정으로 슬퍼하며 눈을 감게 되는 것입니다. 처음에는 예수 그리스도라는 이름을 믿어야 합니다.

그리고 그 예수 그리스도라는 이름을 가지고만 있지 말고 그 뜻을 찾아 이루어야 합니다.

그리고 다음은 그 예수 그리스도라는 이름을 깨달으면 거룩하신 창조주 하나님의 영광 가운데서 구원자가 되어 구원하는 일을 하게 됩니다. 그 구원이 예수 그리스도가 되는 것입니다.

오늘날, 기독교 안에서 예수 그리스도를 이룬 자는 찾아보기가 어렵습니다. 믿음으로 예수 그리스도를 이루어야 합니다.

[누가복음 1장 1절] 이하를 보면 이해가 되리라고 봅니다. 단, 비유로 기록이 되어있기 때문에 깨닫기가 어렵습니다.

그게 믿음의 결과입니다. 그 순리를 성공하지 못하면 그 믿음은 성과 없이 모두 멸망하게 됩니다. 그리고 지옥으로 돌아갑니다.

마지막 가는 길은 두 길 밖에는 없습니다. 천국과 지옥 둘 뿐입니다. 예수 그리스도를 믿음으로 이루는 일은 존엄하시고 거룩하신 창조주 하나님의 참뜻입니다.

믿음으로 예수 그리스도를 이루어야 실제 구원을 받고 천국을 볼 수 있습니다. 어려운 일은 절대 아니라고 생각합니다.

오늘날, 예수 그리스도를 믿는 사람들이 실제로 구원을 이룬 사람은 귀합니다. 대충 어떤 수단 좋고 말 잘하는 자들의 전하는 소리를 듣고 그런 것 같다고 생각하며 상상 예수를 만들어 각자 자기 믿음 보따리 안에 꽉 채워서 교회 예배에 참석하고 있는 것입니다. 그리스도 성령의 말씀입니다.

　실제 예수 그리스도는 어떤 기독교인 믿음 보따리 안으로 들어갈 수가 없습니다. 예수님께서 하나님의 아들이 되신 이유는 그리스도 때문에 되신 겁니다. 예수 안에 그리스도가 없으면 하나님의 아들이 될 수가 없습니다. 그러므로 예수를 믿는 자들은 반드시 그리스도를 깨달아야 합니다. [고린도전서 15장] 자세히 살펴봐야 합니다.

　예수를 알면 그리스도도 함께 이루어지게 됩니다. 성경에 기록된 말씀은 사람들의 영적 생사가 달린 중요한 말씀입니다. 보통 경전으로 이해한다면 그 영혼은 멸망하게 됩니다. 계시록 말씀은 예수님을 적당히 믿는 자들을 책망하는 말씀입니다. 덥든지 차든지 해야 합니다.

　믿음의 대상은 반드시 각 사람들의 생명을 구원하여 천국으로 보내주는 일을 해야 합니다. 덥지도 아니하고 차지도 아니하다는 그 말씀은 각기 본인의 귀하고 귀한 그 생명을 불쌍히 여기지를 않고 적당히 취급한다는 뜻입니다. 예수 그리스도는 참으로 거룩하신 구원의 이름입니다.

　왜냐하면 창조주 하나님께서 공들여 조성하신 사람들의 하나뿐인 몸과 생명이기 때문에 불철주야 관찰하신다고 합니다.

　미지근한 믿음으로 각자 자기 생명을 지키지 못한다면 호시탐탐 기회를 노리고 있는 하나님의 반역자 계명성이라는 적신한테 생명을 빼앗기게 됩니다. [이사야 14장 12절]

　계명성은 수단 좋고 말 잘하고 지식이 풍성하고 또 힘이 강합니다. 그 길로 들어가는 자들이 구름떼같이 많다고 합니

다. 그리고 모두 네피림이 된다고 합니다. [창세기 6장 4절 네
피림]

 *네피림: 영적으로 생명의 길을 방해하는 자라고 합니다.

 (출처: 원어 사전)

 성경에 믿음이라는 문자는 각 사람의 생명에 대한 길함과
흉함을 담고 있기 때문에 아주 선택을 잘해야 합니다. 그 믿
음이라는 문자는 믿는 자들의 영혼을 심판하게 됩니다.

 하나님의 말씀 가운데 가장 핵심적인 말씀이 믿음입니다.
그 믿음으로 사람들의 영적 운명을 결정하게 됩니다.

 그러므로 믿음의 대상을 확실하게 볼 수 있도록 구원자의
말씀을 귀로 듣고 마음의 눈으로 보고 깨달아 지켜야 합니다.

 예수님의 말씀은 모든 사람의 생명 길입니다. 그러나 사람
들은 그렇게 이해하지를 않는다고 합니다.

 왜냐하면 각기 그 마음에 다른 생각들이 빈틈없이 꽉 채워
져 있기 때문입니다. 마음에 담겨 있는 번뇌들이 비워져야 예
수님 생명의 말씀이 들어가게 되는데 비워지지를 않는다고
합니다.

 비워지기 이전에는 절대로 못 들어갑니다. 그러므로 믿음
은 성과 없이 물거품으로 사라져 버리고 마지막 종식하는 날
에 허공만 바라보며 가련하게 종식하게 됩니다. 그곳은 천국
이 아니라 지옥입니다. 예수 믿던 사람들 거의가 그렇게 떠나
고 있습니다.

 필자는 확실하게 알기 때문에 이와 같이 말할 수가 있습니다.

모르고서는 절대로 이 말을 할 수가 없습니다.

꾸며서 이와 같은 말을 한다면 창조주로부터 저주를 받아 지옥도 최고로 취약한 곳에 빠지게 됩니다. 필자는 믿는 자들의 앞길을 성령의 눈으로 보는 자입니다. 그러므로 필자는 창조주 하나님의 뜻을 알기 때문에 자신 있게 밝히게 된 겁니다.

덥지도 아니하고 차지도 아니한 믿음을 갖고 믿는 그 대상은 과연 누구일까? 사람들에게 생명을 주신 존엄이 그 대상이 됩니다. 그 존엄이 바로 OOO입니다. 성경에서도 비유로 진행하고 있습니다. 그러므로 필자도 그 법을 따라야 하기 때문에 OOO으로 진행하게 된 것입니다. 비유의 말씀들이 모두 OOO입니다

차지도 아니하고 덥지도 아니한 믿음은 예수님께서 말씀하신 구원의 믿음과 연결고리가 될 수가 없습니다.

구원을 받은 자들은 성경적 하늘나라를 봅니다.

사람의 생명이 되신 거룩하신 존엄을 덥지도 아니하고 차지도 아니한 믿음을 갖고 섬긴다면 지옥으로 내어 쫓기는 믿음이 됩니다. 빠르게 회개하고 그리스도로 하여금 거듭나야 합니다.

필자는 어떤 예수 믿는 자들에게 맞아 죽는 한이 있더라도 솔직하게 창조주의 뜻을 전하라는 묵시를 받고 이 글을 쓰게 된 것입니다. 필자는 하나님께 큰 상을 받았기 때문에 그 은혜를 갚기 위해서 하나님의 뜻을 솔직하게 기록해야 합니다.

그 큰 상을 받지 못했다면 이와 같은 글을 기록할 수도 없

을뿐더러 생각조차 할 수가 없는 증거의 설명입니다.

믿음이 이루어진 자들은 육신의 죽음을 죽음이라고 하지를 않습니다. 육신 시대의 무거운 짐 내려놓고 황홀한 천국으로 컬 컬 웃으며 돌아가게 됩니다.

[마태복음 11장 28절. 수고하고 무거운 짐 진 자들아 다 내게
로 오라 내가 너희를 쉬게 하리라]

예수님께서 말씀하시는 무거운 집은 구원을 받지 못한 자들에 대한 말씀입니다. 구원을 받지 못한 자들은 모두 XXX로 갑니다.

요한계시록의 말씀을 살펴본다면 비유의 말씀들로 이해하기가 쉽지가 않습니다.

[요한계시록 22장 12~21절
12. 보라 내가 속히 오리니 내가 줄 상이 내게 있어 각 사람에게 그의 일한대로 갚아 주리라
13. 나는 알파와 오메가요 처음과 나중이요 시작과 끝이라
14. 그 두루마기를 빠는 자들은 복이 있으니 이는 저희가 생명나무에 나아가며 문들을 통하여 성에 들어갈 권세를 얻으려 함이로다]

일한대로 갚아 주리라: 사람들의 일이 있고, 하나님의 일이 있습니다. 그렇다면 사람들의 일은 아닐 것이고, 하나님의 일을 해야 하는데, 예수를 믿는 사람들이 하나님의 일을 알고 믿는 사람은 지극히 귀하다고 봅니다. 왜냐하면 세상일이 아니기 때문입니다.

예수를 믿으라고 외치며 거리에 다니는 사람들이 있는데 그게 하나님의 일이라고 생각하고 열심을 내지만 하나님의

일이 아닙니다. 예수를 믿는 사람들은 일단 구원의 말씀을 깨달아야 합니다. 예수라는 이름은 구원이라는 뜻입니다.

그 구원의 말씀을 깨닫는 것이 하나님의 일입니다. 그리고 그 깨달은 말씀으로 일을 해야 하나님께서 받으십니다. 구원의 말씀을 모르면 예수님도 모르는 것이고 하나님의 뜻도 무지가 됩니다.

오늘날 예수를 믿는 사람들이 하나님의 일을 알고 행하는 사람은 없다고 봐야 합니다. 혹 어디엔가는 있을 수도 있겠지만 흔치는 않습니다. 하나님의 뜻을 알고 일한 자들은 반드시 그 값을 받게 됩니다. 그게 바로 천국입니다. 예수 믿는 사람들이 천국을 받은 신도는 없다고 봅니다.

천국을 받으면 하나님의 나라를 보게 됩니다. 성령의 말씀입니다.

[15. 개들과 술객들과 행음하는 자들과 살인자들과 우상 숭배 자들과 및 거짓말을 좋아하며 지어내는 자마다 성 밖에 있으리라]

상기 말씀은 하나님의 뜻을 모르면서 제사 드리는 자들을 비유로 칭한 말씀입니다. 왜냐하면 하나님의 말씀을 갖고 하나님의 뜻이 아닌 제사를 드리게 되면 사단이 받아먹기 때문입니다. 사단은 즉 우상입니다.

[16. 나 예수는 교회들을 위하여 내 사자를 보내어 그것들을
너희에게 증거하게 하였노라 나는 다윗의 뿌리요 자손이니 곧
광명한 새벽별이라 하시더라.]

나는 다윗의 뿌리요: 다윗의 뿌리는 바로 OOO의 말씀을 의
미합니다. 그 말씀으로 자손들이 번성하게 된 것입니다. 그
말씀이 광명한 새벽별이 됩니다. 그 말씀을 깨달아야 합니다.
다윗이 그 뿌리 말씀을 중심으로 시를 많이 쓰게 된 것입니
다. 그러므로 예수를 믿는 자들은 그 뿌리를 깨달아야 합니다.
예수님은 그 뿌리의 말씀을 증거하고 있는 것입니다. 뿌리
말씀을 알게 되면 각자 자기 생명이 확실히 보이면서 예수 그
리스도를 확실하게 알게 됩니다.
예수를 믿는 사람들이 착각하고 있는 것은 바로 예수 그리
스도를 모르면서 안다고 생각하고 있습니다. 착각입니다.

[17. 성령과 신부가 말씀하시기를 오라 하시는 도다 듣는 자도
오라 할 것이요 목마른 자도 올 것이요 또 원하는 자는 값 없
이 생명수를 받으라 하시더라
18. 내가 이 책 예언의 말씀을 듣는 각인에게 증거하노니 만
일 누구든지 이것들 외에 더하면 하나님이 이 책에 기록된
재앙들을 그에게 더 하실터이요 (이것들, 5023타우타, 그것
들, 그들, 저것들, 이것들)
19. 만일 누구든지 이 책 예언의 말씀에서 제하여 버리면 하

나님이 이 책에 기록된 생명나무와 및 거룩한 성에 참예함을
제하여 버리시리라
20. 이것들을 증거하신 이가 가라사대 내가 진실로 속히 오
리라 하시거늘 아멘 주 예수여 오시옵소서
21. 주 예수의 은혜가 모든 자들에게 있을지어다 아멘]

알파와 오메가요 처음과 나중이요 시작과 끝이라: 이 말씀에
대한 뜻을 영적으로 알아야 합니다. 영적 즉 생명에 대한 알파
시작이라는 뜻입니다. 오메가는 생명에 대한 완성을 즉 끝이라
는 뜻입니다. 그러면 어떤 생명에 대한 알파와 오메가인지 그 의
미를 발견해야 합니다. 바로 OOO에 대한 알파와 오메가입니다.
　모든 사람은 창조주 하나님의 알파와 오메가 테두리 안에
서 인생을 살아가고 있는 것입니다. 그러므로 하나님을 알고
경배해야 합니다.
　모르면서 경배하는 제사는 받으시지 않습니다.
　모르면서 경배하는 제사는 사단이 받아 갑니다. 바로 우상 숭
배가 됩니다. 그러므로 반드시 알고 또 보고 예배드려야 합니다.
　그 두루마기를 빠는 자들은 복이 있으니: 이 말씀은 바로 표
면적 문자 말씀을 두루마기로 칭한 말씀입니다. 그 말씀 안에
생명나무가 있고 또 거룩한 성에 들어갈 문이 있는데 표면의 말
씀 즉 두루마기 빠는 자들만 그 성에 들어갈 자격을 얻게 된다
는 말씀입니다. 성경 문자들은 세상 사람들의 주고받는 논리적
언어입니다. 영적으로 문자들을 굵은 베옷이라고도 칭합니다.

그 사람들의 언어를 비유로 영적 생명의 세계를 기록했기 때문에 그 문자를 두루마기라고 비유로 칭하게 된 말씀입니다. 사람의 몸도 영혼의 두루마기가 됩니다.

성령과 신부가 말씀하시기를: 이 말씀을 듣는 자, 또는 목마른 자 또는 원하는 자는 값없이 생명의 말씀을 받고, 만일 이 책의 기록한 예언의 말씀을 듣는 각인에게 증거하는 것은 누구든지, 이것들 외에 더하면 하나님의 재앙을 더하실 것이요 만일 누구든지, 이 책 예언의 말씀을 제하여 버리면 거룩한 성에 참예함을 제하여 버리신다는 말씀인데 어떤 것에 대한 말씀인지, 더하고 제하는 존재를 아는 것이 중요합니다.

[요한계시록 22장 15절. 개들과 술객들과 행음하는 자들과 살인자들과 우상 숭배들과 및 거짓말을 좋아하며 지어내는 자마다 성 밖에 있으리라]

바로 개, 술객, 행음하는 자, 살인자, 우상 숭배자 및 거짓말을 좋아하며 지어내는 자들의 행위를 더하지도 말고 제하지도 말라고 하신 말씀입니다. 그들은 성 밖에 있는 자들입니다. 즉, 문자 신앙인들을 의미합니다. 성경 문자는 하나님 생명의 말씀이 아니라 생명을 대언하는 성 밖의 말씀이기 때문입니다.

개들과 술객들 등 그들의 예배 의식을 향해서 말씀을 더한다면 개들을 천사와 같이 좋게 보게 되므로 저들의 의식을 따르게 되기 때문에 더하지 말라고 하셨고, 또 제하지도 말라고 하신 말씀은 저들이 하는 의식 예배를 제하게 되면 그들의 죄가 면죄되면서 저들의 제사가 합리화되기 때문에 잘못된 의식대로 진행하게 그냥 두라는 말씀입니다.

저들은 모두 하나님 생명의 말씀을 벗어난 문자로 만든 의식이기 때문입니다. 성경 문자는 하나님의 성 밖의 말씀이 됩니다. 문자 신앙인들은 하나님의 뜻을 모르면서 예배를 드립니다.

문자 신앙인들은 하나님을 볼 수가 없습니다.

문자 신앙인들은 예수 그리스도의 말씀을 이해하지 못합니다. 문자 신앙인들은 예수를 볼 수가 없습니다. 그리고 안다고 하는 자들입니다. 성경 말씀 전부를 들여다본다면 하나님의 선지자들이 우상 숭배자들을 책망하는 말씀으로 이어져 가고 있는 것입니다.

하나님의 말씀은 모두 내적 말씀입니다. 즉 사람의 눈으로 볼 수 없는 생명에 관한 말씀입니다. 그 영원한 생명을 나타내기 위해서 사용된 문자들입니다. 그러므로 문자를 두루마기로 비유하게 된 말씀입니다. 신약에서도 하나님의 백성이라고 하는 이스라엘 민족 일부가 하나님의 법을 지키지 않고 그의 뜻을 벗어난 의식을 행하기 때문에 예수님께서 뱀들아 독사의 자식이라고 책망의 말씀을 하게 된 것입니다.

오늘날, 하나님의 백성이라고 자칭하는 사람들은 하나님의 뜻에 맞는 예배를 드리고 있는지 스스로 살펴봐야 합니다.

하나님을 보기 위해서 또는 예수 그리스도를 받아들여 가르침을 받기 위해서 그 믿음으로 예배를 드린다면 모르거니와 어떤 의식을 만들어 예배를 드린다면 그 예배는 우상들이 받아가는 의식이 됩니다.

그러므로 그 믿음의 결과는 폐가 망신이 됩니다. 즉, 쫄딱 망하는 믿음이 됩니다. 예수를 열심히 믿다가 돌아가신 부모, 형제, 자매들의 마지막 표정을 본 사람이라면 아마도 느끼는 바가 있을 것입니다.

예수 그리스도를 올바로 믿고 성령을 받는 성도는 마지막 운명하는 날 아주 황홀한 표정을 지으며 눈을 감게 됩니다.

아울러 예언하는 성도도 있다고 합니다. 또 예수를 올바로 믿으라고 권하면서 숨을 거두는 성도도 있다고 합니다. 예수를 잘못 믿은 사람들은 종식하는 날에 목적지가 없어 두려움과 공포심으로 말없이 종식하게 된다고 합니다.

예수 그리스도를 믿음으로 이룬 성도는 천국을 보면서 운명하게 된다고 합니다.

[마태복음 23장 33절. 뱀들아 독사의 새끼들아, 너희가 어떻게 지옥의 판결을 피하겠느냐.]

[요한계시록 11장 2~3절
2. 성전 밖 마당은 척량하지 말고 그냥 두라 이것을 이방인에게 주었은즉 저희가 거룩한 성을 마흔두 달 동안 짓밟으리라
3. 내가 두 중인에게 권세를 주리니 저희가 굵은 베옷을 입고 일천이백육십일을 예언하리라 이는 이 땅의 주 앞에 서있는

두 감람나무와 두 촛대니]

　예수 그리스도의 말씀들은 거의 책망의 말씀입니다.
　예수님은 제자를 보고도 "사단아, 내 뒤로 물러가라." 이렇게 말씀할 정도로 비위 맞추기가 어려운 분입니다.
　성령을 받는 자 외에는 예수 믿고 구원받는 사람은 한 사람도 없습니다. 단언합니다. 성경적입니다. 구원을 받은 자들은 하나님의 나라를 보게 됩니다. 그 외에는 구원이 해당이 되지를 않습니다.

<h1 style="text-align:center">" 이렇게 기도하라 "</h1>

예수 그리스도께서 제자들에게 가르쳐 주신 기도를 잘 살펴봐야 합니다.

[마태복음 6장 9~13절

9. 그러므로 너희는 이렇게 기도하라 하늘에 계신 우리 아버지여 이름이 거룩히 여김을 받으시오며

10. 나라가 임하옵시며 뜻이 하늘에서 이룬 것 같이 땅에서도 이루어지니다

11. 오늘날 우리에게 일용할 양식을 주옵시고

12. 우리가 우리에게 죄지은 자를 사하여 준 것 같이 우리 죄를 사하여 주옵시고

13. 우리를 시험에 들게 하지 마옵시고 다만 악에서 구하옵소서 나라와 권세와 영광이 아버지께 영원히 있사옵나이다 아멘]

예수님께서 가르쳐 주신 말씀 중에 '우리가 우리에게 죄지은 자를 사하여 준 것 같이 우리 죄를 사하여 주옵시고'
우리 죄를 사하여 주옵시고: 이 말씀이 바로 영적 채무에 대

한 죄입니다. 하나님께 빚을 졌는데 그 빚을 갚기 위해 십일조를 드렸으니까, 이제는 우리의 죄를 사하여 달라는 기도입니다. 그런데 문제는 하나님께서 받으시는 십일조를 올바로 드렸느냐 아니면 사람들의 습관대로 드렸느냐에 따라서 구원과 실패가 결론이 납니다.

하나님께서 받으시는 십일조를 알고 드리는 자는 지극히 귀합니다. 왜냐하면 사람들이 사용하는 재물이 아니기 때문입니다. ○○○기도를 해야만 하나님이 받으시는 십일조가 되기 때문입니다.

일용할 양식을 주옵시고: 바로 하나님께서 주시는 일용할 양식을 먹은 자만 하나님께서 받으시는 십일조 기도를 드리게 됩니다.

성경에 기록된 일용할 양식은 사람들이 먹는 양식이 아닙니다. 사람들에게 심어진 영혼들이 구원받기 위해서 먹는 영적 양식입니다.

일용할 양식을 하나님으로부터 받아먹게 되면 그 값으로 하나님께 드리는 기도가 있습니다. 그 기도를 하게 되면 모든 죄가 탕감됩니다.

그렇지 못하면 속된 말로 제자리걸음이 되면서 그 믿음으로 그 영혼은 마지막에 지옥으로 가게 됩니다.

많은 사람들이 예수를 믿는다고 합니다. 그러나 모두가 제자리 믿음으로 살다가 구원을 못 받는 것이 아니라 구원 자체를 모르고 믿다가 결국은 천국에 들지 못하고 취약한 지옥으로 가게 되는 것입니다.

그러므로 스스로 구원을 받았다고 생각들을 하게 만든다고 합니다. 바로 무지로 하여금 시험에 드는 자들이기 때문입니다.

[13. 우리를 시험에 들게 하지 마옵시고 다만 악에서 구하옵
소서]

성경적 일용할 양식을 깨달아야 합니다.

성경적 일용할 양식은 예수 그리스도의 비밀한 말씀을 예수님으로부터 받아 깨달아야 합니다. 그 말씀이 구원받는 일용할 양식이 되기 때문입니다. 그 양식을 ○○○이라고도 합니다. 그 양식을 먹어야 구원을 받게 됩니다. 그리고 시험에서 벗어나게 되면서 하늘에서 이루어진 것과 같이 땅에서도 이루어집니다. 영적으로 땅은 아담이면서 오늘날 예수를 믿는 신도들입니다. 성경적 땅은 사람들이 집을 짓고 생활하는 땅이 아닙니다. 구원받지 못한 피조물들을 비유로 땅이라고 합니다.

모든 생물은 대자연에 속한 피조물이라는 것을 모르는 사람은 없다고 봅니다. 대자연은 절대 주인이시며 피조물들이 경배해야 하는 신앙의 대상이 됩니다. 대자연의 거룩한 빛이 피조물인 사람들의 생명으로 심겨 있습니다. 그러므로 종교가 발생하게 되었고 그 종교의 주인은 바로 대자연의 진리 말씀입니다. 그 대자연 진리의 말씀으로 신앙생활을 하며 각자 자기 생명의 원인을 깨닫고 이루어 평안을 누려야 합니다. 진리의 말씀을 깨닫고 실행하는 자는 그 마음이라는 영혼이 몸에서 떠날 때, 낙원이라고 하는 웅장하고 황홀한 곳으로 돌아가게 됩니다. 기독교에 예수 그리스도가 있고 불교에 석가모니 부처가 있습니다. 그 외에도 신앙의 대상들이 많이 있다고 봅니다.

필자는 예수 그리스도의 정도(正道)만 확실하게 터득했기 때문에 예수 그리스도로부터 구원받을 수 있는 순리를 자신하고 증거할 수가 있습니다. 예수를 믿는 사람들은 예수님의 그리스도를 깨달아야 합니다.

그리스도를 깨닫고 그 정도(正道)를 지키며 행하면 절대자이신 하나님으로부터 마음에 평안의 상을 받게 됩니다. 바로 천국입니다.

[고린도전서 15장 40절]에서부터 자세히 살펴본다면 믿음이 있는 자들은 천국을 알고 이루게 됩니다.

구약성경에 여호와라는 이름이 기록되어 있습니다. 그 여호와라는 이름은 스스로라는 뜻입니다.

바로 여호와는 대자연이라는 뜻입니다. 그러므로 우리가 살고 있는 이 세상은 스스로 있는 여호와 하나님의 섭리로 말미암아 모든 생물이 탄생하고 또 사라지고 교체되면서 진행하게 됩니다. (전도서를 보라)

사람을 만들어 내신 하나님과 사람과의 관계는 한 몸과 같습니다. 그러나 피조물인 사람은 그 사실을 깨닫지를 못하고 일생을 살다가 가치 없이 허무하게 종식하게 됩니다. 예수 그리스도께서 세상에 오신 이유는 바로 그 사실을 피조물인 인생들이 알게 하려고 창조주 하나님께서 특별히 보내신 인자입니다. 그 보내신 자의 말씀을 깨닫고 창조주의 천국 백성이 되어야 합니다.

육체는 영혼의 옷입니다. 낡아지면 벗어야 하는 소모품입니다. 그 사실을 알만한 지각이 있는 사람들이 깨닫지를 못하기 때문에 온갖 병으로 시달림을 받으며 고생하다가 죽음으

로 마무리를 짓게 됩니다. 젊을 때 저력이 있을 때 정도(正道)
의 길과 함께 생활해야 합니다.

근본적 영원한 생명을 깨달아야 합니다. 많은 사람들이 근
본의 생명을 모르고 또 신앙생활을 열심히 했어도 이루지 못
하고 의문으로 마무리를 짓고 두려움의 시대로 떠나갑니다.
예수를 믿는 사람들뿐만 아니라 모든 사람은 성경에 기록된
성령이라는 말씀을 깨달아 지킨다면 삶의 길을 온전히 알게
됩니다. 모든 사람은 창조주의 은혜로 살아가고 있지만 그 은
혜가 거저 받은 것이 아니라 채무라고 합니다. 그러므로 삶
속에서 그 채무를 갚으면서 생활해야 합니다. 그 채무를 갚
는 방법은 지존님에 대한 경외라고 합니다. 그 경외를 예수
를 믿는 신자들이 잘 모르고 있다고 합니다. 그러므로 오늘
날 성령을 받고 가르치는 자들에게 학습하여 깨닫고 하나님
께 경외하면 빚을 갚게 됩니다.

그 외에는 빚 갚는 방법이 없습니다. 예수 그리스도의 가르
침은 바로 성령입니다. 성령의 가르침을 받지 못하면 예수 믿
는 사람들은 그 믿음이 모두 허사가 되어버립니다. 대부분 예
수 믿는 사람들을 보게 되면 각자 자기 방식대로 믿고 있습
니다. 그러므로 천국을 성취하지 못하고 가련하게 나머지 세
월을 두리번거리며 살다가 빈손으로 인생을 마감하게 됩니다.
누구나 예수 그리스도께서 말씀하신 성령을 받고 지키면 그
보다 더 큰 상은 없습니다. 사람은 절대자의 피조물입니다.

조물주가 아닙니다. 착각하지 않는 것이 마지막 날에 좋은

길로 떠나게 됩니다. 성령의 말씀입니다. 성경의 기록된 말씀을 보면 사람들의 영혼이 죽어있다고 합니다.

몸을 위해서 예수를 믿는 것은 육이요, 영을 위해서 믿는 것은 영이라고 합니다. 육은 죽음으로 끝나고, 영은 영생으로 이어갑니다.

몸을 위해서 믿음 생활을 하는 자들을 죽은 자라고 합니다. 몸은 죽는 존재기 때문입니다. 몸이라는 존재는 영원히 살지 못합니다.

[요한복음 6장 63절. 살리는 것은 영이니 육은 무익하니라 내가 너희에게 이른 말이 영이요 생명이라 그러나 너희 중에 믿지 아니하는 자들이 있느니라]

성경에 기록된 말씀들은 영적으로 죽은 나야나를 살려내는 오늘날 말씀이 됩니다. 영적으로 죽어있다는 뜻은 창조주의 바람을 모른다는 의미입니다. 몸이 죽은 것이 아닙니다. 하나님의 뜻을 모르면 죽었다고 합니다.

다만 말씀이 비유로 기록이 되어있기 때문에 이해하기가 조금 까다로울 뿐입니다. 인류는 성경에 기록된 진리의 말씀으로 창조되었습니다.

성경의 말씀들은 육신 생활에 복을 주며 그 생활의 길함과 흉함의 길을 알려주는 말씀이기도 하지만, 육신의 삶을 초월하여 영혼에 영생의 복을 주는 말씀입니다. 영혼은 즉 마음을 발생시키는 기를 영혼이라고 하는데 그 영혼의 실체를 아는 자는 귀하다고 합니다.

그 원인은 창세기 말씀에서부터 발원이 되었습니다.

사람은 자기 몸에만 집착하게 되고, 창조주 하나님은 그 몸에다 심어놓은 영혼이라는 생명만 주장하십니다. 그러므로 사람의 생각과 조물주의 뜻과는 차이가 납니다. 육신의 복은 그 사람의 몸으로 행하는 노력이 복입니다. 그 이상 몸의 복은 없습니다.

[마태복음 6장 2절. 저희는 자기상을 이미 받았느니라]

사람들이 몰라서 그렇지 육신 생활은 참으로 두려운 시대입니다.

그 두려운 시대를 벗어나려면 성경을 보고 창조주의 뜻을 찾아서 그의 뜻을 따라 살아야 그 두려운 시대를 벗어나게 됩니다. 그러나 성경은 아무나 이해할 수 있는 말씀들이 아닙니다. 그러므로 성경을 터득한 자를 찾아야 합니다. 성경을 터득한 자를 하나님의 반열이라고 합니다.

즉, 그 줄기라고 합니다. 마태복음과 누가복음에 믿음의 조상님들 족보가 기록되어 있습니다. 그 족보가 사람의 족보가 아니라 영적 영들이 하나님의 뜻을 깨달아가는 줄기입니다. 그 사실을 사람들이 모르고 있다고 합니다. 그러므로 성경을 이해하기란 쉽지가 않습니다. 사람들의 눈으로 보는 성경 말씀이 아니라 마음의 영으로 보는 성경 말씀입니다.

사람은 서로가 보고 살아가지만, 서로가 그 생명은 보지 못하고 살아갑니다. 성경의 말씀들이 그와 같습니다. 성경은 서로가 봅니다.

그러나 그 안에 담겨 있는 생명은 서로가 보지 못합니다. 성경 말씀들을 하나님의 뜻 안에서 깨달으면 꿀송이와도 갖고, 모르면 사약이 되어 먹게 되면 그 영혼은 아담과 같이 죽습니다.

성경의 말씀은 육체 안에 심어진 생명만 주장하는 말씀입니다.

하나님은 사람들에게 세상 복은 이미 주셨습니다. 성경에 기록된 복은 사람들에게 심어진 영혼들을 구원하고자 하는 영생의 복입니다.

육신을 구원하는 복의 말씀이 아닙니다. 육신은 흙으로 돌아가는 존재입니다. 착각하고 믿는 사람들이 많은 줄로 알고 있습니다.

육신의 복은 타고난 팔자와 그 노력이 복입니다. 그 팔자를 바꾸려면 예수 그리스도를 영접하면 바뀌게 됩니다.

그러나 예수 그리스도를 영접하기란 정말로 어렵습니다. 즉, 믿음으로 자기 살을 도려내는 통증을 겪어야 영접하게 됩니다.

필자의 이 소리를 이해하는 사람은 없다고 봅니다. 필자도 그런 통증을 겪으면서 예수 그리스도를 영접하게 되었기 때문입니다.

오늘날, 예수 믿고 거듭나거나 부활한 사람은 지극히 귀하다고 봐야 합니다. 정말로 살라면 육신에만 집착하지 말고 잃어버린 자기 생명을 찾아서 구원해야 합니다. 그리고 그리스도를 영접하면 그 영혼은 천국으로 돌아가 영생하게 됩니다. 성경은 사람의 잘못된 팔자를 바꾸어주는 정말로 좋은 책이기도 합니다.

이 글을 보신 독자 여러분 중에서 팔자가 마음에 들지 않는다면 예수 그리스도를 영접하시고 마음에 들지 않는 팔자를 다시 바꾸시기를 권합니다. 만일에 예수 그리스도 생명의 말씀을 영접하고 팔자를 바꾼 성도가 된다면 그 사람의 팔자는 만사형통 운수 대통이 됩니다.

그렇다고 이 세상을 출세하여 오래도록 잘 사는 것이 아니라 바뀐 팔자 속에 새로 심어진 생명만 거룩한 창조주 하나님의 아들이 되기 때문입니다. 인생은 그 이상 더 바랄 복은 없습니다. 최고의 복입니다.

오늘날 예수를 진실로 믿는 신자라면 자신의 믿음을 다시금 살펴봐야 합니다. 성경적 믿음은 그 믿음을 행하는 자는 칠 년 안에 반드시 믿는 대상을 보게 되어있습니다. 하나님을 믿는 자는 하나님을 보게 되고, 예수 그리스도를 믿는 자는 예수 그리스도를 보게 됩니다.

그게 아니라면 무가치한 믿음으로 망하게 됩니다. 왜냐하면 이름은 알고 있지만 실물이 없기 때문에 인도할 자가 없는 것입니다.

실제로 눈으로 보고 손으로 붙잡을 수가 있어야 합니다.

그래야 그 믿음이 확실합니다. [요한일서 1장 1절부터] 기록이 되어 있습니다. 성경에만 기록이 된 말씀이 아니라 현실에서 진행하는 생명의 말씀입니다. 생명은 역사가 없습니다.

그러나 성경을 기록한 역사는 있습니다.

믿음이 이루어진 하나님의 성도들은 천국을 보며 예수 그리스도의 인도함을 받아 황홀한 천국으로 돌아갑니다. 아~멘.

처음 믿음

조물주의 정도(正道)길을 찾아 진리를 알면 더 할 것이 없습니다. 정도의 길을 선택할 수 있는 사람의 나이는 20대부터가 제일 좋으나 그런 사람은 별로 없고 대략 30대부터나 그 후반으로는 반드시 조물주의 정도를 선택하고 그 마음을 갖고 생활한다면 판단력이 지혜로워 실패하는 일은 피하게 될 것입니다.

다만 건강할 때 시작하는 것이 더욱 좋습니다.

필자는 10대부터 누구의 도움도 받지 못하고 나그네 생활을 하면서 기독교 말씀을 의지하고 내 인생을 살아왔습니다.

그러나 기독교에서 전하는 예수 그리스도가 어떤 인물인지도 모르고 또 구원과 믿음이 뭣을 의미하는지 감을 잡지 못하고 시계추 모양처럼 열심히 왔다 갔다 교회 예배에 참석해 왔습니다.

오래도록 의문으로 믿어온 나의 신앙생활은 문자에 매달릴 수밖에 없었습니다. 40대 후반에 좋은 스승님을 만나 그의 가르침으로 말씀의 핵심이 되는 생명의 진리를 발견하게 된 것입니다.

오늘날 예수 그리스도를 믿는 사람들도 과거 나의 믿음과 별다르지 않다는 생각이 듭니다.

나는 예수 그리스도를 모르고 또 구원이 무엇을 의미하는

지도 모르고 사람들이 예수를 믿어야 죄 사함을 받고 지옥을 면하고 천국도 가고, 또 그뿐만 아니라 복을 받아 건강하게 잘 살 수 있다는 예수를 믿는 사람들의 소문을 듣고 의아해하며, 혹시 그렇게 된다면 믿어야지 하는 어린 생각에 교회를 일요일마다 열심히 드나들게 된 것입니다.

모 교단에서 학습 세례도 받고 내 나름대로 기도도 하고 성경 말씀을 열심히 읽어 보기도 했습니다.

하지만 성경대로 되는 일은 없고 내 고난과 역경은 더욱 견딜 수 없는 길로 추락하고 만 것입니다. 내 인생은 모두가 쫄딱 망하고 갈 곳이 없어 모 수도원으로 들어가 한동안 시름에 빠져 극단적 생각까지 이르게 되었을 때, 마음에서 너 젊었으니 그 젊음을 기둥으로 다시금 뛰라 하는 느낌을 받고 무작정 그 수도원에서 나와 어떤 마을로 들어가 그곳에서 잡다한 노동을 하면서 시간 나는 대로 원인이 되시는 조물주 하나님을 향하여 하나님께 내게 보여 달라고 하며 찾는 마음으로 세월을 보내다가 둘로스 데우.C 스승님을 만나게 된 것입니다.

십 대부터 시작된 역경이 사십 대 후반에 비로소 창조주 하나님의 아들 예수 그리스도의 인도함을 받게 된 것입니다.

그 후로 오십 대에 가서야 어렵게 성경에 기록된 창조주 하나님(엘로힘: 예호바 아도나이)의 뜻을 발견하게 된 것입니다.

예수 그리스토스를 믿기만 하는 것이 아니라 그 믿음을 이루어야 한다는 말씀이 예수님의 가르침이라는 것을 알게 되었습니다.

[누가복음 1: 1~] 하나님의 말씀은 과거의 말씀이 아니라 오늘날 현재 이루어가는 말씀입니다. 사람을 조성하신 창조주님은 모든 사람에게 숨기지 않고 드러내어 볼 수 있도록 운행하고 계신다는 것을 알게 된 것입니다.

그러나 사람들은 만물을 조성하신 창조주의 뜻을 외면하고 자기의 편리한 대로 예수님을 믿고 있다고 합니다.

성경에 기록된 말씀들은 각자 본인의 생명은 귀하고 귀한 보배이기 때문에 창조주의 뜻을 깨닫고 잘 지키라는 말씀입니다. 왜냐하면 지옥의 더러운 영들이 유혹을 하기 때문이라고 합니다.

하지만 사람들의 생각은 자기 안을 바라보는 것이 아니라 모두 자기 밖을 바라보기 때문에 자기 생명을 올바로 볼 수가 없다고 합니다. 혹시 원인을 찾는 자가 있다면 그는 창조주의 선택을 받고 잃어버린 자기 생명을 찾게 될 수도 있습니다.

그 외의 사람들은 다시금 시험에 들어 지옥으로 연단 받으려고 돌아가게 됩니다.

[고린도전서 1장 20절~21절. 지혜 있는 자가 어디 있느뇨 선비가 어디 있느뇨 이 세대에 변사가 어디 있느뇨 하나님께서 이 세상의 지혜를 미련하게 하신 것이 아니뇨

하나님의 지혜에 있어서는 이 세상이 자기 지혜로 하나님을 알지 못하는 고로 하나님께서 전도의 미련한 것으로 믿는 자들을 구원하시기를 기뻐하셨도다]

　지혜 있는 자가 어디 있느뇨: 이 말씀은 하나님 뜻 안에서 지혜 있는 자는 없고, 하나님의 뜻을 찾는 자도 없고, 하나님의 뜻을 알고 말씀을 해석하여 전하는 자도 없고, 사람들의 지혜는 하나님의 뜻에 이르지 못하고, 사람들의 지혜는 하나님 앞에서 미련하게 진행하고 있으며 하나님의 지혜는 사람의 지혜와 다르기 때문에 사람들이 하나님의 지혜에 미처 이르지 못하고 미련한 사람의 지혜로 전도를 하는데, 사람의 지혜로 전도하기 때문에 그 전도는 미련하지만, 그 미련한 지혜로 구원받는 자가 있다면 하나님이 기뻐하신다는 말씀입니다.

　오늘날, 예수를 믿으라고 전도하는데 그 전도가 미련한 사람의 지혜라는 말씀입니다.

　하나님의 뜻을 아는 자가 볼 때에는 참으로 안타까운 현실이라고 생각합니다. 한 가정에 어떤 자녀나 부모가 창조주의 뜻을 깨달았다고 해서 그 가족이 모두 깨달을 것은 아닙니다.

　영적으로 하나님께서 누구에게든 깨달음을 주시는 날이 아무 때나 있는 것이 아니라 정해져 있습니다.

　그때가 되어야 하나님께 선택을 받게 됩니다.

　창조주로부터 정해진 때가 돌아와야 깨닫고 천국을 받을 수가 있습니다. 믿기만 한다고 그리스도 날이 이루어지는 것은 아닙니다. 그 사람이 지고 있는 하나님에 대한 빚을 믿음으로 탕감받았을 때 구원의 때가 됩니다. 원문 히브리 성경 사전을 보면 욤, 즉 날, 때, 젊은, 생일, 늙음 등으로 광범위하게 기록이 되어있습니다. 모두 사람에게 심어진 생명이 구원받을 때를 의미합니다. 하나님은 사람들에게 심어놓은 그 생명이 하나님이 비유한 말씀을 풀어 구원받을 수가 있는 생명인지 아니면 변질한 반역자 계명성에게 유혹된 생명인지 시험을 하게 됩니다.

하나님의 반역자 계명성의 무리는 회개하기가 어렵다고 합니다. 반역자 계명성의 영들 때문에 성경 말씀이 비유로 기록이 된 것입니다. 그들은 공중 권세 잡은 자들이라고 합니다. [사 14:12]

" 믿음의 측량 "

[요한계시록 11장 1, 2절

1. 또 내게 지팡이 같은 갈대를 주며 말하기를 일어나서 하나님의 성전과 제단과 그 안에서 경배하는 자들을 측량하되

2. 성전 밖 마당은 측량하지 말고 그냥 두라 이것을 이방인에게 주었은즉 저희가 거룩한 성을 마흔두 달 동안 짓밟으리라]

말씀 중에 또 내게 지팡이 같은 갈대를 주며: 지팡이 같은 갈대, 그 갈대라고 비유한 실제 기구는 통치자의 권위를 말합니다.

(헬라어 원문 성경 사전에 갈대, 칼라모스: 권위 또는 지휘봉 등입니다. 즉, 예수님의 성령을 갈대로 칭하고 있습니다.)

성전 밖의 믿음에서 일어나 깨닫고 성전 문 안으로 들어와 창조주 정도의 길을 가야 합니다. 하나님께서 측량하는 곳은 성전 밖이 아니라 성전 안쪽을 측량하고 있는 것입니다.

즉 성경에 기록된 말씀은 둘로 되어있습니다. 한편은 문자 말씀이 되고 또 한편은 비유의 말씀입니다. 그 비유의 말씀을 올바로 이해하고 믿는 자들과 아직 이해를 못 하고 믿는 자들을 가려내는 측량입니다. 다음으론 성전 밖의 말씀을 믿

는 자들입니다. 즉, 문자를 보고 예수를 믿는 자들을 성전 밖이라고 합니다.

　그 표면의 말씀으로 믿는 자들은 하나님의 구원과는 연결이 될 수가 없습니다. 그러므로 측량할 필요가 없다는 말씀입니다.

[에베소서 2장 2~3절

2. 그때 너희가 그 가운데서 행하여 이 세상 풍습을 쫓아 공중의 권세 잡은 자를 따랐으니 곧 지금 불순종의 아들들 가운데서 역사하는 영이라

3. 전에는 우리도 다 그 가운데서 우리 육체의 욕심을 따라 지내며 육체와 마음의 원하는 것을 하여 다른 이들과 같이 본질상 진노의 자녀였더니]

　성전과 제단은 하나님의 정도(正道)로 믿음이 이루어진 자들은 OOO을 의미합니다. 그 말씀이 이루어진 자들의 성전 또는 제단이 되는 것입니다.

　즉, 모두 사람들의 생명과 결부되어있는 이면적 성전이며 이면적 제단이 됩니다. 즉 영적 생명의 제단입니다.

　사람의 눈으로 보이지 않는 영적 하나님의 제단이라는 말씀입니다. 다시 말하자면 창조주께서 조성하신 사람들의 정신세계에 심어놓은 성전과 제단이라는 뜻입니다. 땅에 있는 건물 제단이 아닙니다. 사람은 모두 영적으로 어떤 타에 의해서 살고 있는 것입니다. 그러나 그 사실을 아는 사람이 없다고 합니다.

예수 그리스도의 말씀은 모두 창조주 하나님의 뜻을 깨닫고 지키라는 말씀입니다. 각자 자기 안에 창조주의 성전과 제단이 심겨 있다는 것을 발견할 생각은 하지 않고 자기 마음 밖에서 돌아다니며 뭔가를 잡으려고 이곳저곳을 기웃거린다고 합니다.

성경 말씀은 모두 사람들 생명의 길을 알리는 말씀입니다.

하나님의 말씀이 마음 밖에도 해당이 되지만 마음 밖의 믿음은 사람들의 일상생활에 해당이 되고 마음 안의 믿음은 창조의 몫이라고 합니다. 창조주께서 측량하시는 곳은 세상이 아니라 사람들의 그 정신세계라고 합니다.

정신세계에서 드리는 제사가 하나님의 뜻에 맞는 의식인지 아니면 다른 공중 권세 잡은 자들의 형식인지 측량해서 구별하여 알곡과 쭉정이를 골라내는 작업이라고 합니다.

예수 그리스도의 말씀을 이룬 자는 하나님의 우편에 두고 그 나머지는 불살라 버린다는 말씀입니다.

성전 밖 마당은 측량하지 말라! 즉, 각자 자신의 마음 밖에서 경배하는 자들을 성전 밖이라고 비유로 기록된 말씀입니다. 즉, 문자 신앙인들도 그 믿음이 성전 밖 믿음이라고 합니다.

즉, 하나님의 영원한 천국을 가기 위해 성전 안 그리스도의 생명을 믿는 것이 아니라 세상을 바라보며 몸을 위해 믿기 때문이라고 합니다. [요한복음 6장 63절]

그러므로 각기 자신의 믿음에 대한 의미도 분별 못 하고 예수 예수하며 노래를 부른다고 합니다. 그러한 자들은 측량할 필요성이 없다는 말씀입니다.

성전 밖 마당에서 거룩한 성을 마흔두 달 동안 짓밟으리라.

그 말씀의 뜻을 아는 기독교인은 없다고 봅니다.

기독교 말씀에 비추어 본다면 예수 그리스도를 믿지 않는 사람 또는 교회에 나오지 않는 사람들 모두 하나님의 성전인 교회 밖에서 우상을 섬기기 때문에 죄 사함을 받지 못하고 마당만 짓밟다가 지옥으로 갈 수밖에 없는 자들로 본다고 합니다.

성령의 말씀입니다. 창조주 하나님의 성전은 세상에 여기저기 있는 것이 아닙니다. 깨달은 자의 그 심령에 있습니다.

극장에서 공연하는 연극이 누구를 묘사하여 사람들에게 즐거움을 주지만 결국에 가서는 그 즐거움도 공허함이 되는 것입니다. 남는 것이라고는 돈 주고 본 그 연극이 잠시 재미가 있었다는 것뿐입니다. 그 연극이 관람한 자의 마음에 심어져 오래도록 행복감을 준다면 모르지만 잠시 재미로 느낀 것뿐이라면 그것 또한 허전한 마음을 스쳐가는 바람과 같습니다.

인생의 삶이 그렇게 돌아가고 있는 현실이라고 보입니다. 신앙생활도 그렇게 된다면 성과 없이 쫄딱 망하게 되는 것입니다.

성경에 기록된 모든 말씀은 사람을 만들어 내신 거룩한 창조주의 영원한 생명의 말씀입니다. 그러므로 모든 사람은 각자 자기 생명을 깨닫고 존엄의 뜻을 지켜야만 합니다. 그 일을 해야 자기의 생명에 대한 빚을 갚고 마지막 날에 황홀한 천국으로 돌아가게 됩니다. 모든 사람이 자신의 앞날에 대한 중요한 길은 접어놓고 다른 생각을 하며 살아가고 있다고 합니다. 그러므로 해서 평안함으로 이어가지 못하고 또 마지막 떠나는 날 공포와 슬픔으로 마감하게 됩니다. 오늘날 인생들의 그 의문으로 이어오는 사후세계를 해결해 주시는 분이 예수 그리스도입니다.

성전 밖 마당을 짓밟는 그들은 성경에서 이방인이라고 칭하고 있습니다. 바로 연극을 재미있게 본 자들과 같은 신앙인입니다. 그 믿음이 이루어져야 하는데 평생 또는 모태신앙 등 오래도록 믿어왔지만 이루지 못하면 도로 아미타불이 된 자들입니다.

영적으로 본다면 각 사람은 창조주의 거룩한 성이라고 합니다.

그러나 본인이 창조주의 거룩한 성이라는 것을 전혀 인식하지 못하고, 좋은 일이건 못된 일이건 뒤섞어놓고 각기 자기 방식대로 설계하며 인생을 살아가고 있다고 합니다. 그러므로 사람을 조성하신 지존님의 큰 공은 온데간데없고 날로 분통이 터질 일들만 발생하고 있다고 합니다. (성령의 말씀입니다.)

저희가 짓밟는 마당을 아는 기독교인은 없다고 생각합니다.

거룩한 성, 그리고 마흔두 달, 그리고 짓밟다.

성경에 마흔두 달을 이루어 예수 그리스도가 탄생하신 것입니다. 그 마흔두 달이 하나님께서 거주하시는 거룩한 성들입니다. 그 거룩한 성에 들어가지 않고 성 밖에서 예수 그리스도를 믿는 것은 헛된 노고라고 합니다.

마태복음 1장부터 믿음의 조상님들 낳는 이름이 기록되어

있습니다. 십사 대. 십사 대. 십사 대로 하여 낳는 과정이 끝이 납니다. 세상 사람 낳는 행사가 아닙니다.

영적으로 하나님의 성전으로 변화 받는 행사입니다.

그 성전은 모두 OOO입니다. 세상 사람을 낳는 것이 아닙니다.

그 비밀의 말씀 안에 속하지 않는 자들을 성전 밖에서 마당만 짓밟는 자들이라고 합니다.

성전 밖 말씀에 거주하는 자 중에 어떤 자들은 자기 욕망을 숨기고 하나님의 거룩한 성의 말씀을 짓밟으며 뭔가를 채우려고 연구하며 학습한다고 합니다.

예수를 믿으면 복도 받고 천국도 간다고 날마다 소리쳐 부르짖으며 부지런히 전도 한다고 합니다. 그와 같이 하나님도 알지 못하고 그의 바람도 모르면서 전도하는 일은 거룩한 성의 말씀을 마흔두 달 동안 짓밟는 행위라고 합니다. **[호세아 6:6 하나님 아는 것을 원하노라]**

그들은 마지막에 계명성의 부름을 받고 지옥으로 간다고 합니다.

그 마당을 짓밟으면 욕망의 꿀물이 쏟아진다고 합니다.

성경에 문둥병자가 예수님으로부터 고침을 받은 사건이 기록이 되어 있는데 성경에 기록된 문둥병은 사람 몸의 병이 아니라 각 사람들의 생명과 관련이 있는 병을 의미합니다.

왜냐하면 문둥병은 몸이 썩어 들어가도 통증을 별로 느끼지 못하는 병이라고 합니다.

사람이 각기 창조주의 뜻을 모르고 살아가는 자들, 또는 자기 생명이 병들어 천국에 못 들어가고 지옥으로 가고 있는데 느끼지 못하는 자들에 대한 비유로 문둥병자라고 기록이 된 말씀입니다.

성경적 마당은 표면의 문자 말씀을 보고 그대로 믿는 자들을 의미합니다. 그 문자 말씀을 짓밟고 있는 자들이 헤아릴 수 없이 많다고 합니다.

하나님의 성은 믿음으로 이루어진 성도들의 생명을 뜻합니다.

지팡이 같은 갈대는 믿음이 이루어진 자와 이루지 못한 자를 구별해 내는 성령의 말씀입니다.

그 지팡이 같은 갈대는 하나님의 권위의 비유입니다.

[헬라어 원문 성경 사전에 갈대, 칼라모스: 권위 또는 지휘 봉등]

종말과 말세

[종말 엡 6:10, 말세 벤전 1:5 말세, 행 2:17]

예수 그리스도의 말씀을 믿는 우리는 이제 세상 복은 모두 받았다는 것을 깨달아야 합니다. 지금 삶의 복 이상은 더 없습니다.

재물이 많고 명예가 있다고 해서 죽지 않고 오래도록 사는 것도 아니고, 건강한 몸을 갖고 있다고 해서 죽지 않고 오래도록 사는 것도 아닙니다.

하나님께서 사람에게 주시는 복을 아는 기독교인은 없습니다.

예수님을 믿는 자들은 그리스도의 복만 받으면 종말과 말세가 됩니다. 세상 복이 아니기 때문입니다.

하나님께서 사람들에게 주시는 복은 구원입니다.

사람들이 사용하는 물질이 아닙니다. 건강도 아닙니다. 명예도 아닙니다. 오직 구원과 천국입니다.

오늘날, 기독교인은 하나님의 뜻을 다시금 찾아 믿어야 합니다. 즉, 하나님의 성전 마당만 짓밟는 자들이 되어서는 구원을 받을 수가 없습니다.

그러므로 성전 밖 마당만 짓밟는 신앙인이라면 속히 회개하고 거룩하신 창조주의 뜻을 발견하고 믿음으로 이루면 됩니다. 성경적으로 믿음이 이루어지면 종말, 즉 말세가 됩니다.

저희와 너희를 벗어나 그리스도의 생명을 받는 우리가 되어야 합니다. 예수를 믿지 않는 자들에게도 모두 적용이 되는 창조주의 말씀입니다. 고통과 번뇌를 벗어나려면 그리스도를 이루면 됩니다.

우리라는 의미는 임마누엘 그리스도와 함께 있다는 뜻이고, 저희와 너희는 임마누엘 그리스도를 아직 영접하지 못하고 믿기만 하는 자들의 믿음 상태를 의미합니다.

저희는 아주 먼 곳에 있는 자들입니다. 즉, 저 멀리 동해 외로운 섬도 아니고 이천 년 전 예수를 상상하며 믿는 자들은 저희입니다. 너희는 조금 가까이 다가오는 자들입니다.

성경에 기록된 종말과 말세와 마지막과 끝이라는 문자는 세상을 두고 기록된 문자가 아니라 하나님의 진리로 진행하는 생명의 빛을 가리켜 기록된 영적 문자입니다. 그 문자를 이해하는 사람은 한 사람도 없다고 봅니다. 세상에 대한 문자가 아니라 사람들에게 심어진 그 생명이 다시금 진리의 빛으로 거듭나는 영적 종말과 말세 문자이기 때문입니다. 예수 그리스도께서 믿음이 있는 자에게 OOO을 줍니다. 그 OOO을 받는 자는 종말이 되고 말세가 되고 마지막이 됩니다. 알파와 오메가가 됩니다. 인간의 관습이 아닙니다. 인간이 살아가는 시대에 적용할 수 없는 종말과 말세입니다. 사람들에게 심어진 생명에 대한 영적 종말과 말세이기 때문입니다. 그러므로 그 종말과 말세라는 문자를 올바로 이해하는 사람은 없습니다. 다만 예수 그리스도의 말씀을 이룬 자들만 이해할 수 있는 문자이기 때문입니다. 종말과 말세와 마지막과 끝은 바로 예수 그리스도의 말씀을 이루고 하나님을 경외하는 자가 되면 그 존재가 말세, 종말, 마지막, 끝이라는 말씀에 해당이 됩니다.

그리스도의 믿음을 성취하여 생명을 받은 성도를 의미합니다. 왜냐하면 육체 시대를 벗어나 귀한 진리의 시대를 이루었기 때문에 그 이상도 그 이하도 없다는 뜻으로 종말, 말세라고 기록이 된 말씀입니다. 인생들의 관행과는 절대로 다른 길입니다.

세상이라는 동편 시대를 끝내고 저 산 너머에 있는 찬란한 예수 그리스도의 서편 시대를 바라보며 그곳으로 돌아가는 자가 종말이요 말세입니다. 육체의 생활은 때, 즉 시간입니다. 즉, 모래시계와도 같습니다. 육체의 죽음은 정도(正道)를 이루지 못하고 믿기만 하는 자들의 고통과 슬픔입니다.

정도(正道)를 이룬 자들에게는 육체의 죽음이 해당이 되지를 않습니다. 왜냐하면 영적으로 육체는 영혼의 소모품이라는 것을 그리스도로 하여금 깨달았기 때문입니다. 육체라는 몸은 창조주로부터 지극히 귀하게 받는 선물이기 때문에 조심하며 잘 사용하다가 주어진 운명이 다하면 벗고 떠나게 됩니다.

그러므로 육체의 죽음을 죽음이라고 여기지를 않고 다만 그 영혼이 지옥으로 갈 때에 죽음이라고 합니다. 사람의 생각으로는 조물주의 뜻을 알 수는 없습니다. 몸이 있으므로 창조주 하나님을 섬기게 되기 때문에 몸을 잘 보호해야 합니다. 창조주로부터 귀하게 받는 몸을 갖고 창조주의 뜻을 벗어나 각자 자기 방식대로 살아가는 자들을 하나님께서는 죽은 자라고 칭하고 있습니다. 그럴 수밖에 없는 것은 세상에 태어나게 해 준 그 공을 외면했기 때문이라고 합니다.

이 세상에는 종교가 많습니다. 몸과 그 생활에 도움을 받기 위해서 신앙생활 하는 사람이 모두라고 볼 수가 있습니다.

그러나 성경에 기록된 말씀은 사람의 몸을 좋게 하기 위한 말씀들이 아니라 몸 외의 영혼을 좋게 하기 위한 말씀입니다.

사람의 몸은 이미 태어날 때부터 정해져 있는 수명이기 때문에 성경 말씀에서 제외가 되어있습니다. 그 내력을 모두 필하자면 많은 시간이 필요로 하기 때문에 사람에게 가장 중요한 생명 즉 영혼이라는 길만 성경대로 사람들에게 알리려는 목적으로 필하게 된 글입니다.

사람들이 자신의 영혼을 모르고 인생을 살아가고 있는 것입니다.

성경이라는 책이 위대한 것은 사람들의 생명록이기 때문입니다.

그러나 그 책에 기록된 말씀을 올바로 아는 사람은 없다고 봅니다. 사람은 몸이 아니라 그 안에 심어진 영혼이라는 무색의 생명이 영원한 진(眞)으로 존재하기 때문에 그 생명의 길을 깨닫는 일이 화두가 됩니다. 그 화두를 성경에 기록된 예수 그리스도라는 이름이 풀어주고 있는 것입니다. 사람은 모두 창조주의 자비로 인하여 인생을 살아가고 있는 것입니다. 인생들은 그 공을 외면하고 있습니다. 그러므로 죄인의 탈을 벗어날 길이 없다고 합니다.

다만 성경에 기록된 예수 그리스도의 가르침을 받고 변화 받은 자들만 죄 사함을 받게 된다고 합니다.

성경적으로 예수 그리스도의 가르침을 받고 변화 받은 자들을 들어 말세 또는 종말 또는 마지막이라고 칭합니다.

종말과 말세와 마지막과 끝이 모두 예수 그리스도 안에 담겨 있는 생명의 길입니다. 세상 종말도 아니고 말세도 아닙니다. 그 생명의 길을 이루는 일은 어렵지 않습니다.

믿음이 겨자씨만큼만 있으면 됩니다.

사람들이 성경적 종말과 말세와 끝을 세상의 이변으로 알고 그들 나름대로 종말이 왔다는 둥 말세가 왔다는 둥 아는 체를 하고 있다고 봅니다. 맹신자들의 착각입니다.

겨자씨: 마태복음 17장 20절. 가라사대 너희 믿음이 적은 연고니라. 진실로 너희에게 이르노니 너희가 만일 믿음이 한 겨자씨만큼만 있으면, 이 산을 명하여 여기서 저기로 옮기라 하여도 옮길 것이요 또 너희가 못할 것이 없으리라.

*겨자씨: 원문 히브리어 성경 사전과 헬라어 성경 사전을 보면 겨자는 심한 고통을 느낀다는 뜻에서 유래되었고, 씨는 규칙을 지킨다는 뜻에서 유래되었다고 기록이 되어있습니다.

[겨자: 시나피, 시노마이, 상처 입다, 쏘다 등.

씨: 이투라이, 규칙으로, 정렬 등.

산: 오로스. 일어나다 세우다, 평지에 돌출된 것.

옮긴: 메타바이노, 장소를 옮기다. 바꾸다, 떠나다, 지나가
다 등.]

예수 그리스도의 말뜻은 사람들이 인식하지 못하고 살아가
고 있는 고통과 번뇌를 예수 그리스도의 생명을 받아 그 고통
을 모두 지워 버리고 다음으로 조물주의 법을 깨닫고 영원히
행복한 삶을 살라는 가르침의 말씀을 비유로 겨자씨입니다.

그 가르침은 사람들의 상식도 아니고 지식도 아닙니다.

모든 사람에게 심어진 보이지 않는 생명을 건강하게 치료해
주는 진리의 말씀이 예수 그리스도입니다.

각자 자기 생명이 병이 들어 고통받고 있어도 인식하지 못
하고 평생을 믿어도 이루지 못한 믿음을 갖고 무의식적으로
살다가 종식하는 날에 믿는 자나 무신론자나 일반으로 그 황
홀한 천국에 들어가지 못하고 취약한 지옥으로 돌아가게 됩
니다.

겨자는 사람들의 고통을 의미하고 씨는 하나님의 영원한
생명의 법을 의미합니다. 산은 마음에 뿌리 깊게 자리하고 있
는 허무한 번뇌들을 의미합니다.

그 산을 옮기든지 아니면 그 산에서 떠나든지 결정하라는
예수님의 말씀입니다. 그 비유가 바로 겨자씨입니다.

예수님의 말씀은 비유이기 때문에 문자적으로는 이해할 수
가 없습니다. 성경적 말세는 믿음이 이루어진 자들에게만 해
당이 됩니다. 성경적으로 말세 후의 사람이 되기 위해서는 예

수님을 하나님의 아들로 만들어준 그리스토스를 깨닫고 영접해 성령으로 하나님께 경배하면 종식하는 날 찬란한 낙원으로 돌아갑니다.

성경적이기 때문에 이 모든 내용의 말씀은 일반인들이나 문자 신앙인들이나 회개하기 전에는 이 말씀이 해당이 되지 않습니다.

예수 그리스도를 진심으로 믿는 신앙인이라면 성경적 하늘에서 이루어진 것과 같이 그 믿음이 이루어져 창조주의 나라를 보아야 합니다. 속히 봐야 합니다. 시간이 촉박합니다.

성경적으로 눈이 있고 귀가 있는 성도들만 듣고 거듭나 영원히 행복을 누리게 되는 예수 그리스도의 좋은 천국 말씀입니다.

모든 생물은 지존님의 성령으로 창조된 존재들입니다.

사람이 이 세상을 힘들게 살아가고 있지만 무엇을 향하여 살아가고 있는지 아는 바가 없이 그 마음에서는 번뇌가 꿈틀거리고 그 생각은 허덕이고 목적은 희미하고 몸은 피곤하고 그 하루하루를 자의로 만들어가는 시간도 아니고 누구에 의해서 살아가는 것 같기는 한데 그 원인은 알 수 없고 어디를 향하여 살아가는지도 모르면서 다만 고된 노동의 대가를 받아서 먹고 마시며 즐기는 것만 그 마음에 심겨 있다고 합니다. 그렇게 살라고 만들어놓은 인생들이 아니라고 합니다. 그러므로 사람을 만들어 내신 존엄께서 말씀하시기를 그런 자들은 모두 창조주를 반역한 지옥의 신 계명성의 무리라고 칭하고 있습니다.

종교든 신앙이든 믿음이든 삶이든 모두 세상이라는 철의 말뚝에 스스로 얽어매 놓고 노예가 되어 그곳에서 각기 자기 인생을 더 좀 빛나게 하려고 욕망을 감추고 투쟁하며 부지런히 살다가 자신도 모르게 몸의 저력이 퇴화하면 그때 비로소 왕년을 추억하며 자신을 돌아보게 된다고 합니다.

창조주 지존님은 사람을 그렇게 살라고 만들어놓는 생명이 아니라고 말씀하고 계십니다.

창조주께서 세상에 보내신 예수 그리스도 성령님의 말씀을 영접하고 그 말씀을 따라 인생을 살아간다면 세상 말뚝에 매여있는 고통과 번뇌들이 치료가 되고 그 말뚝은 녹아 없어진다고 합니다. 그리고 창조주의 뜻에 의한 새로운 시대를 맛보게 된다고 합니다.

하지만 세상 철의 말뚝에 매인 줄이 워낙에 견고해서 푸는 자가 없다고 합니다. 그러므로 세상을 모두 살고 떠나는 그날에 남는 것은 집착하고 섬겨온 몸의 종말로 하여금 갈 곳이 없기 때문에 지옥으로 갈 수밖에 없는 운명만 남게 된다고 합니다.

창조주 하나님은 혼의 존재가 성령으로 변화되면 인자라 하고, 사람은 숨을 쉬는 혼으로 구성된 몸을 받아 살아가고 있는 것입니다. 그 몸을 자기라고 합니다. 영혼이라는 생명은 아는 바가 없다고 합니다.

그 사실을 모르고 살아온 죄가 바로 xxx의 길이라고 합니다.

많은 사람들이 받아들이지 않고 부인하는 말씀은 바로 예수 그리스도 생명의 말씀이라고 합니다.

사람을 창조하신 지존님은 사람을 슬프게 지으신 것이 아니라고 합니다. 그러나 인생들은 모두 창조주의 자비를 떠나 스스로 의문의 길을 만들어놓고 믿으며 헌신하며 투자하며 맹신하다가 영의 눈이 멀어 길을 잃고 황홀한 생명 길을 보지 못하고 두렵고 좁고 어두운 터널 속으로 들어가게 된다고 말씀하십니다.

성경의 말씀은 육신을 구원하는 말씀이 아니라 영혼을 구원하는 말씀이기 때문에 아무나 그 말씀을 깨달을 수 없는 비유의 말씀입니다. 비유는 두려운 화염검이 됩니다. 그 비유의 말씀을 풀지 못하면 그 영혼은 영원한 고통 속으로 빠지게 됩니다.

창조주 하나님은 거룩한 일곱 영이시기 때문에 본인이 창조하신 사람들의 생명을 긍휼히 여기시고 계명성의 무리에게 지옥으로 끌려가는 영혼들을 구원하려는 뜻으로 아들 예수 그리스도를 세상에 보내어 희생을 당하게 하신 것입니다.

그러므로 창조주의 진언을 학습하고 깨달아 밝은 눈으로 생명의 길을 보며 살다가 저 찬란한 곳에 가서 영생하라는 축복의 말씀이 예수 그리스도의 가르침입니다. 그러므로 예수를 믿는 신자들은 반드시 그리스도를 깨닫고 그 법도를 지켜야 합니다.

기독교에는 예수 그리스도를 깨달으라는 말씀이 희미합니다. 성경 말씀을 가르치는 자들이 하나님의 뜻을 모르기 때문입니다.

예수 그리스도는 구원자라는 이름으로 영원히 사람과 함께 하고 있습니다. 예수라는 이름이 구원이라는 뜻인데 그 구원이라는 뜻은 접어놓고 예수 예수만 반복하며 부르는 자들이 많다고 합니다.

그러므로 구원 없는 믿음이 예수 믿는 신자들에게 왕이 되어 어두운 터널 속으로 날마다 끌려들어 간다고 합니다.

예수 믿는 자들이 구원을 모르는 것은 어두운 터널 속에 갇혀 있기 때문이라고 합니다.

그리고 스스로 구원을 받았다고 자부를 한다고 합니다.

세상에서 가장 자비로우면서도 가장 두렵고 떨리는 말씀이 살아 생동하는 성경 말씀입니다.

성경을 보는 자 중에서 올바로 보는 자는 성령을 받은 자들뿐입니다. 그 외에는 모두 성경을 보는 자가 아닙니다.

지식이 제아무리 넘친다고 할지라도 성경은 올바로 볼 수가 없는 말씀입니다. 성경은 영혼들의 말씀이기 때문에 지식으로 판단할 수 없는 기묘한 말씀입니다. 그러므로 몸을 사람으로 아는 자들은 절대로 성경의 말씀을 올바로 볼 수가 없다고 합니다.

하나님의 선택을 받아야 성경을 올바로 보게 됩니다.

몸 안에 심어진 영혼이라는 생명을 사람으로 보는 자들만 희미하게나마 성경의 말씀을 볼 수가 있다고 합니다. 왜냐하면 몸은 유한한 존재며 사라지는 소모품에 속하기 때문에 영생할 수가 없습니다. 그러므로 사람에 속하지 않는다고 합니다. 그 안에 심어진 생명이 사람이라고 합니다. 그 생명은 영원하기 때문에 사람이라고 합니다. 사람들이 모르는 것은 자신의 생명이라고 합니다.

창조주 하나님은 자기 생명을 모르는 자들을 죽은 자라고 합니다.

[요한복음 6장 63절. 살리는 것은 영이니 육은 무익하니라. 내가 너희에게 이른 말이 영이요 생명이라]

이 말씀을 참고해야 합니다. 사람의 몸은 영원하지가 못합니다.

우리가 살아가고 있는 시대의 종교는 절대적으로 필요하다고 생각합니다. 왜냐하면 생명을 주시는 하늘에는 올라가기 어렵지만 사람들의 일상생활과 사회적으로 무언가는 정화가 되기 때문입니다. 그러므로 절대적으로 존재해야 합니다.

오늘날 종교인들의 그 믿음이 또 다른 세계로 연결고리가 되어 이어져야 하는데 그게 어렵다고 합니다. 그러나 필요합니다.

세상 종교가 다음으로 이어지지 못하면 허무한 삶으로 슬프게 끝이 나고, 이면적 믿음으로 다시 이어진다면 행복한 생활로 돌아가게 됩니다. 다시라는 뜻은 영원한 창조주의 진리 즉 근본적 생명의 세계를 알게 한다는 뜻입니다. 그 근본적 생명은 인생살이에서 깨달아 지켜야 하는 영원한 복의 말씀입니다. 바로 예수 그리스도의 가르침입니다. 인생의 삶이 왜 길지 못하는지 깨달아야 합니다. 인생은 모두 화두로 살아가게 되어있기 때문이라고 합니다.

각자 주어진 화두를 해결하는 자도 있고 해결을 못 하고 종식하는 자들도 있다고 봅니다. 그러므로 사람은 화두 시대를 해결하고 벗어나야 합니다. 그 화두를 해결하고 후대를 위해서 가르침을 남기고 떠나신 분들이 성인들이라고 합니다.

그 가르침의 문서가 경전이라고 합니다. 그러므로 그 화두를 이루려면 경전의 말씀들을 정독하고 바르게 깨달아야 합니다. 그러나 사람들은 거의가 경전에 대한 관심이 별로 없다고 합니다.

다만 각자 허전한 심정을 채우려고 신앙생활을 선택하게 되었다고 합니다. 하지만 신앙생활로 허전한 심정을 평안하게 채워지는 것이 아니라 정함 없는 갈등으로 번뇌만 쌓이게 된다고 합니다.

왜냐하면 신앙생활을 오랫동안 해왔지만, 목적지가 뚜렷하게 나타나지도 않고 또 볼 수도 없기 때문이라고 합니다.

<h1 style="text-align:center">❝ 원인 되신 부모를 공경하라 ❞</h1>

사람을 만들어 내신 부모는 누구일까? 몸을 낳아주신 부모는 확실하게 알고 있지만, 그 이상의 부모는 아는 사람이 별로 없다고 봅니다. 세상에 펼쳐져 있는 경전이라는 문서가 바로 참 부모의 바람을 알려주는 말씀입니다. 그 참 부모에게서 흔적도 없던 나야나가 누군가 의해 만들어져 세상에 태어나게 되었습니다.

그 참부모를 찾아서 섬겨야 하는데, 세상에 태어나서 남부럽지 않게 잘 살았다 해도 참 부모를 찾지 못하고 종식한다면 또한 어떤 세상에 돌아가 부모가 없는 고아와 같이 어려운 역경의 삶이 시작된다고 경전에 기록이 되어있습니다. 각 사람에게 주어진 생명은 그 주어진 몸의 삶이 끝나고 죽음으로 하여 아주 씨도 없이 사라져 버린다면 차라리 미련이 없으려니와 육신에 심어진 생명은 돌과 같이 영원히 존재하는 보석이라고 합니다(성령의 말씀).

그러므로 이 시대에 태어나 살아가고 있는 자들은 그 사실을 명심하고 반드시 참 부모를 찾아 만나 그의 법도를 지키며 살아야 한다는 구원자 예수 그리스도의 말씀입니다. 참 부모는 저 먼 곳에 계신 분도 아니고 숨어 계신 분도 아니고 누구누구와 함께하고 있습니다. 예수 믿는 자 중에서 참 부모를 찾고자 관심을 두고 성경 말씀을 살펴보는 사람은 없고, 자기를 좋게 하려고 성경을 보는 사람은 많다고 합니다. 흔적도 없던 나야나가 육신의

부모 몸을 통해서 세상에 태어나게 해주신 조물주의 큰 자비는 피조물들에 의해서 어그러져 버리고 피조물들 스스로 왕과 같이 살고 있다고 합니다. 그러므로 원인의 부모는 그렇게 떠난 자들의 마음의 눈을 어둡게 만들었다고 합니다. 그로 인하여 나야나가 마지막 날에 갈 곳이 보이지 않아 고약한 계명성의 적신들에게 끌려 구더기도 타죽지 않는 불 속으로 돌아간다고 합니다.

성령의 말씀입니다. 나야나의 몸을 낳으신 부모의 그 마음은 자기가 난 자식의 몸을 위해서 좋은 것들을 챙겨 먹이시며 어디 아프지 않을지 걱정하며 밤낮 보살펴주시지만 그 자식에게 심어진 생명의 수명은 아는 바가 없다고 합니다.

다음으로 사람의 몸을 만드시고 그 안에 생명을 심어놓으신 원인의 부모는 자기가 만든 사람의 몸과 그 안에 심어진 생명을 불철주야 치료하며 성장하게 하고 또 위험한 곳들을 피하도록 지혜를 주신다고 합니다. 사람이 살고 있는 이 땅에는 사람에게 이로운 것만 창조하신 것이 아니라 해로운 것들도 같이 창조되었다고 합니다. 그 해로운 것들이 유익한 것으로 변화되고 유익한 것들이 해로운 것으로 동화하며 사람의 양식이 되기도 하고 사람에게 독이 되기도 한다고 합니다. 사

람의 생명은 조물주의 영 즉 영원한 힘이기 때문에 그 생명은 죽지를 않는다고 합니다.

그러나 몸은 아니라고 합니다. 왜냐하면 몸은 창조주의 기, 즉 영혼이라는 존재가 사용하도록 오묘하게 만들어졌기 때문에 주어진 시간이 다 되면 그 몸은 노화되어 사라진다고 합니다.

사람의 영혼은 만들어진 존재가 아니라 창조주 안에 존재하는 영원한 기(氣), 즉 하늘의 힘이라고 합니다.

그러므로 그 생명은 영원하다고 합니다. 몸은 유한합니다.

사람이 숨을 쉬는 것은 본인이 알아서 쉬는 것이 아니라 창조주의 자비로 피조물에게 주어진 평안이라고 합니다. 그러므로 창조주를 두려워하며 그의 뜻을 깨닫고 따라야 합니다.

성경에 기록된 문자들은 모두 예수 그리스도를 깨닫게 해주는 비유의 말씀입니다. 예수 그리스도께서 먼저 창조주 하나님의 뜻을 깨닫고 경외한 자라고 합니다. 그러므로 사람들 모두 예수 그리스도의 본을 받아 창조주 하나님을 경외해야 합니다. 성경에 기록된 말씀들은 만물을 창조하신 하나님을 경외하라는 법의 말씀입니다. 지구와 달이 태양계를 회전하는 에너지 중에서 어떤 일곱 성에 속한 기가 OOO으로 합성되어 사람들의 생명이 되었기 때문에 자연이 존재하듯이 사람의 영혼도 동일하다고 합니다. 그리스도 성령의 말씀입니다.

그러므로 그 영혼은 죽음이 없는 영원한 존재라고 합니다.

함축적으로 그 생명은 거룩하신OOO이라고도 합니다.

그 영혼을 경영하시는 자를 하나님이라고 칭하고 있습니다.

성령의 말씀입니다. 각자 몸은 육신의 부모님으로부터 태어났지만, 그 몸의 기능은 육신의 부모님이 주장하는 것이 아니라 하나님께서 주장하신다고 합니다. 육신의 부모로부터 태어나 성장하여 한 시대를 살아가는 동안에 그 몸은 노화가 되어 종식하게 되는데 그 때까지 창조주 하나님 아들이 관리를 하신다고 합니다.

몸을 입은 그 사람이 관리하는 자기 육체가 아니라고 합니다.

그리고 우리가 모르고 있는 또한 세상을 향하여 한 때와 두 때를 보낸 후에 종식하게 되는데 그 때에 창조주의 공정한 심판을 받고 어떤 지역으로 나뉘어 돌아가게 된다고 합니다. 성령의 말씀입니다.

사람의 몸이 병이 드는 것은 앞에서도 언급한 바와 같이 조물주의 뜻을 지키지 못했기 때문에 생명이 병이 들으므로 몸이 그 영향을 받아 병이 들어 마음을 괴롭히게 된다고 합니다.

각자 자기 생명에 병이 드는 것은 인식은 못하지만 그러나 몸에 병이 들면 즉시 느끼게 된다고 합니다. 병은 바로 생명에서부터 진행되어 몸으로 이동한다고 합니다. 그 사실을 인식하고 살아가는 사람은 지극히 귀하다고 합니다.

성경에 기록된 한 때와 두 때는 ○○○고 ○○○입니다.

[헬라어 프뉴마 하기오스 법과 원문 히브리어 성경 네페쉬 하누카 법] 원문 히브리어와 헬라어 성경 사전에 기록된 내용을 알고 행하며 지키는 자들은 창조주 하나님의 뜻을 깨닫게 됩니다.

" 우리의 믿음 "

우리가 살아가고 있는 이 시대는 영혼들의 훈련장이 되는 곳이라고 합니다. 성경의 말씀들은 모두 영혼들의 훈련장을 두고 기록된 말씀입니다. 바로 육체 시대입니다.

즉 이 세상에 태어나 살아가는 사람들의 일상생활은 모두 하늘나라 가기 위해 교육받는 한때와 두 때라고 합니다.

성경 말씀이나 불경 말씀이나 보는 자가 볼 때에 일맥상통합니다. 영적으로 소경들이 볼 때에는 그들 나름대로 무식하게 똑똑하여 횡설수설하며 자기에게 유익한 말씀만 숨음질해서 챙겨서 자랑하며 신앙생활을 한다고 합니다.

이 글을 보신 분들이라면 앞에 기록된 내용대로 하여 본인의 생명을 발견하고 낙원을 이루시길 권고합니다.

그러면 인생의 삶에 대한 가치를 다시금 인식하게 될 것입니다.

영원한 생명의 길을 알려주는 말씀이 예수 그리스도의 가르침입니다. 만물을 조성하신 하나님은 자기가 만들어놓은 피조물들이 모두 자기를 경외한다면 고통과 번뇌를 벗어나게 하시고 영원히 행복한 삶을 제공해 주신다고 합니다.

그렇다고 부자로 오래도록 살아간다는 뜻은 아닙니다.

사람의 몸은 수명이 정해져 있습니다.

하나님의 뜻을 소홀히 여기는 자들은 그들이 원하는 데로 가도록 내버려두신다고 합니다.

사람이 원하는 데로 살아간다면 그곳은 반드시 지옥입니다.

그들은 후일에 구제받을 수 없는 영적 객이 됩니다.

그러므로 창조주 하나님은 자기의 뜻을 찾는 자들을 선별하여 그들에게 영원한 하나님의 지혜를 주어 창조주의 뜻을 벗어난 피조물에게 가르치도록 기록한 문서가 성경 말씀입니다.

창조주 하나님으로부터 선택받는 첫 번째 인물이 타락한 아담입니다. 오늘날 아담은 누구일까? 바로 ○○○입니다.

필자가 여러 번 언급한 바와 같이 성경의 말씀이 생명으로 진행한다면 역사가 없고, 기록한 시대로 진행한다면 역사가 반드시 있습니다. 그러므로 역사로 보고 예수를 믿는 자들에게는 성경적 구원과는 관련이 없습니다.

그들에게는 문자적으로 드리는 의문의 예배만 해당이 됩니다.

그 예배는 받는 이도 없고 돌아보는 이도 없는 공중 권세 잡은 자들의 의식일 뿐입니다. [호세아 6: 6]

[말라기 2장 3절. 보라 내가 너희의 종자를 견책할 것이요 똥 곧 너희 절기 희생의 똥을 너희 얼굴에 바를 것이라 너희가 그것과 함께 제하여 버림을 당하리라 만군의 여호와가 이르노라]

성경 말씀들은 오늘날 예수를 믿는 자들에게 다시금 구원의 생명을 주기 위한 말씀이라고 합니다. 그렇게 인식하고 믿는 자들에게는 직접적으로 해당이 됩니다. 그와 같이 마태복음과 누가복음에 기록된 낳고 낳고의 이름들은 모두 역사가 없는 말씀으로 오늘날 각자 하나님의 뜻을 모르는 자들에게 심어진 생명이 믿음으로 변화하는 과정을 낳는 말씀으로 기록이 된 내용들입니다.

사람들의 시대를 초월한 진리의 진행 과정입니다.

그 이름들이 모두 현재 구원을 위한 말씀으로 이어지고 있습니다. 우리가 몸을 입고 살아가고 있는 이 시대에서 다시금 거듭나 창조주의 나라를 보게 해 주기 위한 이름들입니다.

그러므로 오늘날 믿는 사람들이 예수 그리스도의 믿음으로 천국을 이루고 그곳에서 영원한 평안을 누릴 수 있어야 합니다.

몸을 갖고 영생하는 것이 아닙니다. 각자 몸을 사용하던 그 영혼이 몸에서 나갈 때에 지옥으로 가지 않고 천국으로 들어가 영생하게 된다는 말씀입니다. 필자가 들림을 받고 천국을 본바 세상에는 그만한 곳이 없는 찬란하고 황홀한 곳이었습니다.

현재 우리 몸에 심어진 생명은 의문의 생명 즉 타락한 아담으로부터 주어진 죽은 생명입니다. 그 사실을 아는 사람은 없습니다.

왜냐하면 하나님을 모르기 때문입니다. 하나님을 모르는 자들은 모두 죽은 생명이 됩니다. [호세아 6: 6]

그 죽은 생명이 예수 그리스도의 말씀으로 다시금 거듭나 살아나는 생명이 되어야 합니다. 그리고 하나님을 직접 보고 경외해야 합니다. 하나님을 본다고 하니까 헛된 망상이라고 조롱하는 사람도 있겠지만 실제로 봅니다. 그러나 물체는 아닙니다.

영원한 진리의 영이십니다.

모든 사람이 자기 하나님을 보고 있습니다.

성경 말씀을 역사로 본다면 구원은 저 멀리 물 건너 갖고, 역사로 보고 예수를 믿는 자들에게는 구원이 해당이 될 수가 없습니다.

마태복음과 누가복음에 기록된 낳고 낳고의 말씀은 모두 믿음의 조상님들이 예수 그리스도가 되기 위한 영적 이름들입니다.

그 이름들이 함축되어 예수 그리스도가 되신 것입니다.

성경에 기록된 이름들을 세상 관행적으로 이해한다면 각자 사람의 이름으로 이해하게 되고, 그렇게 보고 믿는 자들은 그 믿음은 이미 죽은 믿음이 되며, 하나님의 영적 법으로 본다면 각자 생명을 깨닫기 위한 이름들이 됩니다.

하나님의 법으로 본다는 뜻은 사람이 모르고 있는 선악이라는 길이 있습니다. 사람들이 살고 있는 세상 선악이 아닙니다. 영적 선악입니다. 그 선악의 길 중에서 하나님의 바람의 길로 진행하면 선이 되고 곁길로 진행하면 악이 됩니다. 세상 관습이 아닙니다.

하나님의 뜻으로 진행하는 말씀을 사람들이 이해하지 못하면 표적이라고 합니다. 그리고 무리라고도 합니다.

많은 사람이 모여 있는 곳을 무리라고 하는데 많은 말씀도 무리라고 합니다. 왜냐하면 영적으로 사람도 말씀이기 때문입니다. 성경에 기록된 무리라는 뜻은 예수님의 말씀을 이해 못하면 그들을 무리라고 칭하게 됩니다. 말씀도 무리가 되고 듣는 자들도 같이 무리가 됩니다. 성경적입니다. 세상 관습과 다릅니다.

우리가 말씀을 볼 때 이해하지 못하면 무리가 되는 것입니다.

마태복음과 누가복음에 낳고 낳고의 이름들은 사람의 이름이 아니라 하나님의 뜻에 가까이 가기 위한 서원의 기도를 의미합니다. 하나님을 향하여 드리는 기도를 사람의 이름으로 기록하여 사람을 낳는 말씀으로 칭하게 된 것입니다. 낳는다고 기록은 되었으나 사람을 났다고 기록한 말씀은 없습니다.

영적 기도는 사람처럼 존재로 진행하게 됩니다. 그 기도대로 이루어지기 때문입니다. 몸을 위한 기도를 하게 되면 몸을 위한 삶이 되고, 생명 즉 영혼을 위한 기도를 하게 되면 영혼을 위한 길로 가게 됩니다. 하나님의 뜻에 맞는 기도를 할 때까지 모든 기도는 짐승으로 비유합니다. 마지막 짐승이 어린양 예수 그리스도의 기도입니다. 어린양의 기도가 하나님께 상달되어 하나님의 아들 구원자 예수가 된 것입니다. 예수님의 기도가 하나님께 상달되므로 하나님께서 아들로 인을 치신 것입니다.

[마태복음 3장 16~17절. 예수께서 세례를 받으시고 곧 물에서 올라오실 새 하늘이 열리고 하나님의 성령이 비둘기같이 내려 자기 위에 임하심을 보시더니 하늘로서 소리가 있어 말

씀하시되 이는 내 사랑하는 아들이요 내 기뻐하는 자라 하시
니라]

　성경 말씀은 모두 비유이지만 문자적으로 보게 되면 세상
의 관행과 같이 이해하게 됩니다. 육체 시대에 대한 성경 말
씀이 아니라 육체에 심어진 영혼들의 시대를 기록한 성경 말
씀입니다. 성경을 생명으로 보는 사람은 별로 없습니다.
　사람을 만들어 내시는 창조주의 선택을 받은 자들만 자기
생명의 길로 볼 수가 있는 영적 말씀입니다. 문자적으로 믿고
문자적으로 전도하는 자들은 속히 회개해야 합니다. 그렇지
못하면 마지막 날에 그 믿음으로 가는 곳이 무저갱이 됩니다.
사실입니다.
　모든 사람의 몸과 그 기능은 성경 말씀으로 창조되었습니다.
그 사실을 알고 살아가는 사람은 지극히 귀하다고 생각합니다.

기도의 본질

영적으로 기도는 소리가 아니라 존재성을 띠고 있습니다.

어떤 사람이 누구를 향해서 기도했다면 그 기도가 그의 존재가 됩니다. 하나님을 향해서 서원 기도를 했을 때 그 기도가 하나님의 뜻이라면 어린양이 되고, 그렇지 못하면 어린양이 아닌 다른 짐승으로 칭하게 됩니다. 하나님께서 받으시는 제물은 모두 믿는 자들의 기도만 살펴 받으십니다. 그 외에는 아무것도 받지를 않습니다. 그러므로 신앙생활 하는 자들의 기도는 참으로 중요합니다. 각자 자기 생명으로 기도하기란 지극히 어렵습니다.

왜냐하면 각자 자기 생명을 모르기 때문에 하나님의 뜻에 맞는 기도를 할 수가 없는 것입니다.

예수 그리스도께서 자기 생명을 알고 기도로 하나님께 경배했기 때문에 하나님의 아들이 되고 구원자가 된 것입니다.

예수만 하나님의 아들 구원자가 되고 예수를 믿는 자들은 예수 그리스도와 같이 그렇게 될 수가 없다고 생각하며 믿는다면 그 믿음은 죽은 믿음입니다. 될 수가 있습니다. 성령의 말씀입니다.

예수를 믿는 자들은 모두 예수와 같이 구원자가 되어야 합니다.

예수님의 말씀은 바로 구원자를 만들어 내기 위해서 제자들과 무리에게 가르치고 있습니다.

그러므로 예수 그리스도를 믿는 자들은 하나님의 뜻을 알고 예수님과 같이 구원자가 되어야 합니다. 세상 관습대로 믿는다면 그 믿음은 멸망합니다. 많은 사람들이 의문의 시대를 향해서 살아가고 있습니다. 그 의문을 그리스도의 기도로 풀어내야 합니다.

그 기도가 하나님의 뜻에 이르기 전에는 믿는 자들이 드리는 기도는 모두 짐승으로 칭하게 됩니다.

믿는 자가 하나님 뜻에 맞는 기도할 때까지 짐승으로 비유하게 됩니다. 왜냐하면 하나님의 뜻을 모르고 드리는 기도기 때문입니다. 하나님의 뜻을 이룬 짐승이 바로 어린양 예수 그리스도입니다. 영적으로 진실한 믿음으로 하나님의 뜻을 알고 경배하면 하나님의 아들이 되는 것입니다. 그를 어린양이라고 칭합니다.

그러나 하나님께서 바라는 경배를 깨닫기가 어렵다고 합니다. 말라기에 자세히 기록되어 있습니다.

그 어려운 경배를 깨닫기 위해 진행하는 이름들이 마태복음과 누가복음에 기록된 조상님들의 낳고 낳고의 기도입니다.

그 기도를 사람의 이름과 같이 기록된 것입니다.

모두 영적 기도입니다. 영적 기도기 때문에 이해하기란 쉽지가 않습니다. 그러므로 예수 그리스도의 말씀이 믿음으로 이루어진 신자에게만 그 낳고 낳고의 기도가 접목되어 그 시대를 수료한 셈이 되는 것입니다. 그 의미로 해서 대속이라는 말씀이 기록이 된 것입니다. 우리가 믿음으로 할 수 없는 일들을 예수님께서 피를 흘리며 이루어 놓았기 때문에 예수 그리스도를 진실로 믿는 자들에게 그 고난으로 이룬 하나님의 나라를 상으로 받아 구원을 받게 되는 것입니다. 성경의 말씀은 사람의 생명이 되는 영혼들이 지옥을 벗어나기 위해서 어우러져 진행하는 길이라고 합니다.

그 구원의 일을 이루기 위해 수많은 고초를 겪으며 성취하신 분이 예수 그리스도입니다. 우리는 예수님의 피나는 고난을 행하지 못합니다. 그 고초를 예수를 믿는 우리에게 상으로 주어 구원받도록 하십니다. 그러므로 우리는 예수 그리스도께서 겪은 고초를 겪지 않고 구원을 받고 천국을 가게 되는 것입니다. 그게 바로 대속입니다. 기독교인은 그 사실을 어떻게 보는지 알 수는 없지만 필자의 언급은 사실입니다. 성령으로부터 받은 말씀입니다.

그러므로 그 대속이라는 뜻을 확실하게 알고 예수를 믿는 사람은 없다고 봅니다. 모든 말씀이 영적이기 때문에 진실로 믿는 자들은 이루어질 수 있는 예수님의 증거입니다. 이 글을 정독하신 분들은 모두 이루어 황홀한 천국으로 돌아가시기를 바랍니다.

성경적 예수는 언제나 존재합니다. 다만 다른 이름으로 진행하기 때문에 사람들이 몰라보는 것입니다. 중요한 것은 사람이 아니라 그의 말씀입니다. 전하는 그의 말씀 안에 하나

님과 예수 그리스도께서 좌정하고 계십니다. 그러므로 성경
의 말씀은 언제나 오늘날 생동하는 창조주의 극진한 자비의
말씀입니다.

" 예수 그리스도의 실체 "

　성경은 히브리 민족으로부터 발원되었지만, 그리스도는 유대인 밖에서 새롭게 나타난 이름입니다. 예수 그리스도는 즉 성경적 이방인입니다. 예수 그리스도의 본질은 지구상에 태어난 모든 사람의 생명이 됩니다. 그 생명을 창조주 하나님께서 사람들에게 심어놓았는데 사람들이 깨닫지 못하고 각자 본인의 생명을 의문으로 간직하고 평생을 살고 있는 것입니다. 그리고 마지막 종식하는 날 지옥으로 돌아가게 됩니다. 이유는 각자 자기 생명을 잃어버리고 살아왔기 때문입니다. 사람을 조성하신 주인은 반드시 존재하지만, 아는 자도 없고 알려고 찾는 자도 없다고 합니다.

　예수 그리스도는 성경적으로 부활한 생명입니다.

　죽은 사람시체가 부활한 것이 아니라 무지로 살다가 하나님의 뜻을 깨닫고 경외한 자입니다. 모르던 하나님의 뜻을 깨달으면 성경적으로 거듭남과 또는 부활이라고 합니다.

　그 성경적 경외 안에 하나님의 바람이 모두 담겨 있습니다. 그 의미를 알고 행하면 부활이라고 합니다. [고전 15장 40~]

　창조주의 뜻을 깨달으면 자신의 생명을 알게 되므로 그 생명으로 창조주 하나님께 기도하게 됩니다.

그 이전에 한 기도는 창조주 하나님께서 받으시지 않습니다.

왜냐하면 창조주를 모르고 또 드려야 할 제물도 모르고 드렸기 때문입니다. 앞에서도 설명한 바와 같이 하나님은 사람들이 사용하는 금이나 은이나 돈이나 그 외의 제물과는 무관합니다.

단 하나님을 두렵게 보고 무릎 꿇고 마음으로 납작 엎드려 드리는 기도만 제물로 받습니다.

[말라기 3장 16절. 그 때에 여호와를 경외하는 자들이 피차에 말하매 여호와께서 분명히 들으시고 여호와를 경외하는 자와 그 이름을 존중히 생각하는 자를 위하여 여호와 앞에 있는 기념 책에 기록하리라 하셨느니라]

[말라기 4장 2절. 내 이름을 경외하는 너희에게는 의로운 해가 떠올라서 치료하는 광선을 발하리니 너희가 나가서 외양간에서 나온 송아지같이 뛰리라]

하나님께서 받으시는 경외를 깨달을 때까지는 모든 기도를 짐승의 이름으로 비유하여 그 짐승을 잡아 제사를 드리게 됩니다.

그 짐승이 온전한 제물이 되어 하나님께 드려질 때까지 이어지는 제사입니다. 그러나 실제 짐승은 아닙니다. ○○○의 비유입니다.

온전한 경외를 알 때까지는 그 경외심이 짐승의 이름으로 진행하게 됩니다. 세상 물질이 아니라 진정한 기도입니다. 사람들 마음에 창조주를 경외하는 인식은 없습니다.

선악과를 먹고 하나님과 같이 되었기 때문입니다. 그러므로 각기 왕이 되어 인생을 살고 있는 것입니다.

사람들 안에 심어진 생명을 뚜렷하게 알고 있는 사람은 없습니다. 본래 하나님께서 그리스도의 생명을 심어 영생하도록 계획을 세워놓았는데 아담이라는 존재가 망쳐버린 것입니다. 성경을 역사로 보면 그 믿은 흔적도 없이 쫄딱 망하게 됩니다.

언제나 나야나가 존재할 때 함께하는 성경 말씀으로 봐야 합니다. 성경적 아담도 오늘날 존재하고 예수님도 오늘날 존재합니다. 그리고 불교의 부처님도 오늘날 존재합니다. 그러므로 예수님도 믿고 부처님도 믿는 것입니다.

역사에 있었던 존재라면 믿을 필요가 없습니다.

그 언젠가 그때 살다가 죽은 자들이라면 믿을 필요가 없습니다. 그 역사에 잠시 나타났다 떠난 자를 믿어서 무엇 하려고 귀한 시간을 허비하느냐 그 말입니다. 현재 나야나의 앞에 계신 구원자를 향하여 매달려 애원해야 합니다. 엉뚱하게 멀리 떠난 이름을 부르며 살려달라고 해 봤자 아무 소용 없는 시간 낭비로 끝을 맺게 됩니다. 오늘날 사람들의 생명은 모두 의문으로 진행하고 있습니다. 자기 생명을 자기가 모르고 살아가고 있는 것입니다.

잃어버렸든지 아니면 죽었든지 이것인지? 저것인지? 인식을 못 하고 주어진 시간만 허비하며 살아가고 있는 것입니다. 그러므로 예수를 믿고 그 믿음을 이루어 각기 자기 생명을 찾아야 합니다. 나야나 안에 죽어있는 그리스도의 생명을 믿음으로 살려 내야 합니다.

그 생명을 살려 내기 위해서 예수님의 말씀을 청종하게 되는 것입니다. 사람들에게 가장 중요한 영적 사건입니다.

반드시 살려 내야만 합니다. 어려운 일은 아니라고 생각합니다. 필자도 그 그리스도 생명을 살려 냈기 때문입니다.

그리스도를 살려 내고 보니까 흑암같이 어둡고 불가능하다고 생각하고 눈에 보이지도 않고 알 수도 없는 하나님을 보여 달라고 애원하며 찾은 것이 후일에 은혜가 되어 하나님을 만나게 된 것입니다. 그리고 하나님의 은혜로 그리스도의 생명을 살려 내게 된 것입니다. 고린도전서 15장과 같이 진행되고 있습니다.

사람들이 관심이 없어서 그렇지 누구나 믿음만 확실하면 하나님을 봅니다. 필자만 하나님을 보는 것이 아닙니다. 모두가 볼 수 있는 하나님이십니다. 그리고 모든 사람이 하나님을 보고 있습니다. 필자의 설명은 사실입니다.

그러므로 처음 부모로부터 세상에 태어날 그 시간에 받는 생명은 아담으로 말미암아 죽고 다른 의문의 생명으로 인생을 살고 있는 것입니다.

그런 사실을 알고 살아가는 사람은 한 사람도 없다고 봅니다. 필자의 설명은 모두 성경에 기록된 확실한 증거의 말씀입니다. 그러므로 사람들이 각자 자기 생명을 모르고 살아가고 있습니다.

[요한계시록 2장 4~5절

4. 그러나 너를 책망할 것이 있나니 너의 처음 사랑을 버렸느
니라

5. 그러므로 어디서 떨어진 것을 생각하고 회개하여 처음 행
위를 가지라]

오늘날 현실의 말씀입니다.

처음 사랑은 영적으로 아담이 받은 생명입니다. 아담이 타
락하므로 처음 사랑은 죽고 의문의 생명이 심어지게 되었는데
그 생명은 하나님의 나라로 돌아갈 수 없는 죽은 생명입니다.

처음 생명을 사랑이라고 합니다. 창조주 하나님의 말씀은 모
두 각 사람의 생명에 관한 말씀이기 때문에 자신을 바라보며
말씀을 이해해야 합니다. 사람에게 심어진 생명을 주로 사랑으
로 부르게 됩니다. 그러므로 사람들이 사용하는 사랑과 성경에
기록된 사랑과는 비교할 수가 없습니다. 영적이기 때문입니다.

육신적 사람은 몸을 중심으로 사랑을 주고받으며 생활하고
있고, 영적인 사람은 일반인들이 이해하지 못하는 그리스도
의 생명을 사랑으로 보면서 서로 교제하게 됩니다.

예수님의 말씀을 이룬 자들의 겉모습은 평범하지만, 그의
생각과 그의 말씀은 육신을 의지하고 믿는 사람과 많은 차이
가 있습니다.

육신으로 살아가는 것은 똑같습니다. 다만 타인들이 못 보고
있는 귀중한 생명의 말씀이 새롭게 심겨 있어 보게 되는 것뿐

입니다. 그렇게 된 자들이 오늘날 구원자가 되는 것입니다.

[요한계시록 3장 1절. 하나님의 일곱 영과 일곱 별을 가진 이
가 가라사대 내가 네 행위를 아노니 네가 살았다 하는 이름
은 가졌으나 죽은 자로다 너는 일깨워 그 남은바 죽게 된 것
을 굳게 하라 내 하나님 앞에 네 행위의 온전한 것을 찾지 못
하였노라]

성경에 산 자와 죽은 자에 대한 말씀이 기록되어 있는데 그
뜻을 아는 사람은 별로 없다고 봅니다. 온전한 것을 찾지 못
하였노라 이 말씀이 바로 ○○○입니다.

[로마서 14장 8, 9절
8. 우리가 살아도 주를 위하여 살고 죽어도 주를 위하여 죽
나니 그러므로 사나 죽으나 우리가 주의 것이로라
9. 이를 위하여 그리스도께서 죽었다가 다시 살으셨으니 곧 죽
은 자와 산자의 주가 되려 하심이라]

주를 위하여 살고 죽어도…!
위의 말씀은 쉽게 이해한다면 하나님의 뜻을 모르면 죽은
자가 되고 하나님의 뜻을 알면 산자가 되는 것입니다.
그 뜻은 ○○○입니다. 사람의 몸이 죽고 살아나는 사건이
아닙니다. 오해하지 마시기를 바랍니다. 사람들이 이 말씀을

이해하지 못하고 다른 방법으로 해석하여 전하는 경우가 있다고 봅니다.

성경적 죽음은 하나님의 뜻을 모르고 기도나 예배드릴 경우 죽은 기도나 죽은 예배가 됩니다. 하나님을 알고 드리는 제사는 산 제사가 됩니다. 하나님을 알면 보게 됩니다.

안다고 하면서 하나님을 보지 못하면 거짓말을 하는 자가 됩니다.

요한계시록 3장 1절의 말씀도 하나님의 뜻을 모르고 있는 자를 견책하는 말씀입니다. 살았다 하나 죽은 자로다. 그 말씀이 바로 하나님의 뜻을 모른다는 뜻입니다.

하나님의 뜻을 모르면 본인의 생명도 모르게 됩니다. 그러므로 이 세상 사람들이 창조주 하나님의 뜻을 모른다면 모두 죽은 자들이 됩니다. 예수를 믿는 이유가 바로 예수님과 같이 하나님을 보고 그의 뜻을 지키며 구원하는 자가 되어야 합니다.

어려운 일은 아니라고 생각합니다.

진실한 믿음만 행하면 됩니다.

[마태복음 7장 21절~23절

21. 나더러 주여 주여 하는 자마다 천국에 다 들어갈 것이 아니요 다만 하늘에 계신 내 아버지의 뜻대로 행하는 자라야 들어가리라

22. 그날에 많은 사람이 나더러 이르되 주여 주여 우리가 주의 이름으로 선지자 노릇하며 주의 이름으로 귀신을 쫓아내며 주의 이름으로 많은 권능을 행치 아니하였나이까 하리니

23. 그 때에 내가 저희에게 밝히 말하되 내가 너희를 도무지 알지 못하니 불법을 행하는 자들아 내게서 떠나라 하리라]

상기의 말씀 핵심은 하늘에 계신 내 아버지의 뜻입니다.

예수를 믿으며 '주여 주여'하는 사람들이 하나님의 뜻을 알고 믿는 사람은 한 사람도 없다고 봅니다. 왜냐하면 예수를 믿는 사람들이 모르는 것은 예수님께서 말씀하시는 구원을 모르고 있기 때문입니다. 구원의 뜻도 모르는 사람들이 하나님이나 예수님을 '주여 주여'하며 부르는 것은 그 사람들 생각일 뿐 예수님과 무관합니다.

그 이유를 요약해서 설명한다면 사람의 혼이라는 무색의

생명이 하나님의 영으로 구원을 받아야 하는데 그 구원을 거부하고 다른 영을 영접했기 때문입니다. 그래서 하나님의 뜻도 모르고 예수님도 모르는 것입니다, 그러나 사람들이 인식을 못 한다고 합니다. 왜냐하면 예수님께서 말씀하시는 영은 세상 영이 아니라 하늘의 영이기 때문에 사람들이 두려워하며 거부하게 되고, 세상 영은 사람과 소속이 같아서 잘 받아들인다고 합니다. 예수님의 영을 세상에 속한 영으로 알고 예수를 믿는 사람들이 많습니다. 그러므로 예수님께서 그들을 보고 밝히 말하되 나는 너희를 도무지 알지 못하니 '불법을 행하는 자들아, 내게서 물러가라.'라고 하신 말씀입니다. 그러나 저들은 절대로 그 의미를 모르면서 알려고 하지를 않고 예수님을 향해서 날마다 '주여 주여'하면서 믿는다고 합니다.

앞에서도 설명한 바가 있지만 사람의 몸은 하늘의 혼령이 잠시 무언가를 하다가 떠나는 정류장과 같습니다. 그렇게 알고 인생을 살아가는 사람은 없다고 생각합니다. 예수님께서 말씀하시는 구원은 나그네로 살아가는 인생들의 혼령을 온전한 창조주의 본토로 인도하는 일이 구원입니다. 그렇지 못하면 많은 인생의 혼령들이 지옥으로 가게 되기 때문입니다.

그 일이 창조주 하나님의 지극한 자비라고 합니다.

이 세상에 태어난 사람들은 모두 전생에 창조주께 죄를 지은 자들입니다. 하나님께서 그들을 다시금 죄를 사해주기 위해서 세상에 태어나게 하신 것입니다. 그런데 죄 사함을 받지 못하고 인생을 마감하는 사람들이 모두라고 봅니다. 예수를 잘 모르고 믿기 때문입니다. 하나님의 뜻에 비추어보면 영적으로 사람의 몸은 감옥도 되고, 성전도 되고, 도구도 되고, 사자 굴도 되고, 풀무 불도 되고, 제단도 되고, 옷도 되고, 그 상태대로 원수도 된다고 합니다.

그와 같은 곳에 매여있는 혼령을 구원하라는 하나님의 명령을 받고 오신 하나님의 아들 예수 그리스도입니다. 그러므로 구원이라는 뜻을 올바로 아는 사람은 없다고 봅니다.

사람들이 착각하고 있는 것은 자기 몸과 자기라는 생명과 분리된다는 생각을 무시해 버리고 자기 방식대로 살아간다고 합니다.

사람들이 몰라서 그렇지 전생에 그와 같이 살아온 혼령들이 이 세상에 태어난 사람들이라고 합니다. (전도서를 참고)

오늘날 기독교는 하나님의 뜻을 다시금 찾아서 지켜야 합니다. 이대로라면 절대로 구원의 복을 받을 수가 없습니다.

성경 66권의 말씀은 각자 한 생명에 대한 구원과 멸망의 말씀입니다. 그러나 그 깊은 뜻을 아는 기독교인은 별로 없다고 봅니다. 다수가 구원받는 말씀이 아닙니다. 개인적으로 독립된 구원의 말씀입니다. 성경에 기록된 숫자는 하나님의 법의 숫자입니다.

그 수가 백이라도 하나를 의미합니다.

오백이라도 하나를 의미고 오십이라도 하나를 의미합니다.

사람의 생명은 하나뿐이기 때문입니다. 다만 영적 차원이 다르기 때문에 숫자의 차이가 있는 것뿐입니다.

　예수를 믿는 사람들은 하나님의 뜻과 예수님의 구원을 알고 '주여 주여' 하시기를 권고합니다. **[호세아 6:6 하나님 아는 것을 원하노라]**

　그렇지 못하면 '주여 주여' 한 번 부를 때마다 사함을 받는 것이 아니라 죄가 더욱 쌓이게 됩니다. 모르고 부르는 것을 망령된 행위라고 합니다. (십계명 참고)

　왜냐하면 하나님의 뜻에 비추어보면 사람이 사람이 아니라 사람 이하라고 합니다. 즉 짐승과 짐승 이하라고 합니다. 그러므로 사람들이 불행을 당하건 고통을 당하건, 하나님은 눈 하나 깜빡 않고 내버려두신다고 합니다.

　오직 예수 그리스도로 하여금 구원받는 자들만 챙기신다고 합니다. 성령의 말씀입니다.

" 칠 배나 뜨거운 풀무 불 "

[다니엘 3장 19절~28절

19. 느부갓네살이 분이 가득하여 사드락과 메삭과 아벳느고를 향하여 낯빛을 변하고 명하여 이르되 그 풀무를 뜨겁게 하기를 평일보다 칠 배나 뜨겁게 하라 하고

20. 군대 중 용사 몇 사람을 사드락과 메삭과 아벳느고를 결박하여 극렬히 타는 풀무 가운데 던지라 하니

21. 이 사람들을 고의와 속옷과 겉옷과 별다른 옷을 입은 채 결박하여 극렬히 타는 풀무 가운데 던질 때에

22. 왕의 명령이 엄하고 풀무가 심히 뜨거우므로 불꽃이 사드락과 메삭과 아벳느고를 붙든 사람을 태워 죽였고

23. 이 세 사람 사드락과 메삭과 아벳느고는 결박된 채 극렬히 타는 풀무 가운데 떨어졌더라

24. 때에 느부갓네살 왕이 놀라 급히 일어나서 모사(謀士)들에게 물어 가로되 우리가 결박하여 불 가운데 던진 자는 세 사람이 아니었느냐 그들이 왕에게 대답하여 가로되 왕이여 옳소이다

25. 왕이 또 말하여 가로되 내가 보니 결박되지 아니한 네 사람이 불 가운데로 다니는데 상하지도 아니하였고 그 넷째의

모양은 신들의 아들과 같도다 하고

26. 느부갓네살이 극렬히 타는 풀무 아구 가까이 가서 불러 가로되 지극히 높으신 하나님의 종 사드락 메삭 아벳느고야 나와서 이리로 오라 하매 사드락과 메삭과 아벳느고가 불 가운데서 나온지라

27. 방백과 수령과 도백과 왕의 모사들이 모여 이 사람들을 본즉 불이 능히 그 몸을 해하지 못하였고 머리털도 그슬리지 아니하였고 고의 빛도 변하지 아니하였고 불탄 냄새도 없었더라

28. 느부갓네살이 말하여 가로되 사드락과 메삭과 아벳느고의 하나님을 찬송할 지로다 그가 그 사자를 보내사 자기를 의뢰하고 그 몸을 버려서 왕의 명을 거역하고 그 하나님 밖에는 다른 신을 섬기지 아니하며 그에게 절하지 아니한 종들을 구원하셨도다]

상기의 말씀을 요약해 해석하자면 창조주 하나님께서 정하신 비유를 알아야 그 뜻을 올바로 이해할 수가 있습니다.

칠 배나 뜨거운 풀무 불이란 사람들이 미처 풀지 못한 하나님의 OOO말씀을 칠 배나 뜨거운 풀무 불이라고 비유로 기록이 된 말씀입니다. 그 칠 배나 뜨거운 풀무 불을 세상 불로 이해하는 자는 영적으로 모두 그 불에 타죽을 자들입니다. 사람들이 사용하는 성냥불이 아닙니다. 하늘나라 비밀의 불입니다. 사람들의 생명과 관련이 있는 불입니다.

사드락과 메삭과 아벳느고는 칠 배나 뜨거운 하나님의 말씀으로 이미 연단을 받고 그 불이라고 비유한 말씀을 이룬 자들입니다.

그 풀무 불이라고 비유한 말씀이 바로 하나님의 비밀인 ○○○말씀입니다. 그 말씀을 이해 못하면 영적으로 그 불에 타죽게 됩니다. 그러므로 예수 그리스도의 말씀을 이해하지 못하고 이루지 못하므로 구원을 받지 못하는 것입니다.

오늘날 예수를 믿고 있는 사람들은 하나님의 정도 말씀으로 신앙생활하고 있는지 아니면 다른 하나님을 믿고 있는지 분별 하여 그 믿음이 옳은 믿음인지 아니면 가짜 형식적인 믿음인지 다시금 깊이 생각해 봐야 합니다.

[고린도후서 11장 4절, 다른 예수]

사람들이 몰라서 그렇지 하나님이라고 하는 신은 수도 없이 많습니다. 그러나 모두 하나님은 한 분으로 알고 있습니다.

마귀와 사단도 하나님의 이름을 갖고 있습니다. 원문 헬라어 성경 사전을 보게 되면 하나님의 천사와 사단이 함께 있습니다. 그 사실을 예수 믿는 사람들이 전혀 모르면서 예수 이름만 부르면 믿음이 성립되는 줄로 잘못 알고 있는 것입니다. 어떤 교회에 다니며 예수 믿는 사람 중에 실제로 구원받은 사람은 한 사람도 없다고 봅니다. 교회 밖에는 더러 있다고 봅니다. 상기의 말씀을 자세히 해석 하자면 많은 시간이 필요하므로 생략하겠습니다.

“

씨 맺다

”

상기 말씀들은 모두 생명의 씨에 관한 길함과 흉함에 대해 설명된 내용들입니다.

성경의 말씀은 모든 생명을 씨로 비유하고 있습니다.

창세기 말씀에서부터 요한계시록에 이르기까지 모두 생명의 씨에 관한 말씀입니다. 그만큼 사람의 생명은 귀중한 존재기 때문입니다. 성경의 말씀들은 육신 생활에 대한 말씀이 아니라 육신에 심어져 마음을 발생시키는 영혼에 대한 말씀입니다.

씨에 대한 설명을 하자면 많은 시간이 필요로 해서 생략하겠습니다. (씨: 창세기 1장 11절. 누가복음 8장 11절, 요일서 3장 9절 등)

앞의 설명을 보신 분들은 본인의 생명을 발견했으리라 생각합니다. 어린아이가 쓴 글로 보시고 은혜받으시기를 바랍니다.

필자가 독자 여러분께 부탁드리고 싶은 말씀은 각기 본인의 생명을 잃어버리고 인생을 살아가고 있다는 것을 인식하고 잃어버린 생명을 찾아 간직해야 한다는 뜻에서 공유한 글입니다.

성경의 말씀들은 한 말씀도 외면할 수 없는 사람들의 생명에 관한 말씀입니다. 그 말씀을 이해하지 못하면 모두 본인의 생명을 잃어버린 자들이 되어 인생을 마감하는 그날에 그 영혼은 길을 잃고 헤맬 때 무저갱의 사자들이 나타나서 그 혼령을 데리고 갑니다. 성경에서 그곳을 구더기도 타 죽지 않는 불 못이라고 기록이 되어있습니다. 예수 그리스도는 옛적 존재가 아닙니다.

오늘날 모든 사람과 함께하는 영적 존재입니다. 그러므로 모든 사람은 예수 그리스도를 찾아 영접해야 합니다. 예수 그리스도는 성경 전체 생명의 씨가 됩니다.

그 씨가 모든 사람을 구원하게 됩니다.

좀 더 자세히 설명할 수 있는 말씀들이 무궁무진하게 돌고 돌지만 이상으로 끝을 맺겠습니다. 아멘.

"

故 이병철 회장님의
24가지 질문에 답하다

"

Q : 신의 존재를 어떻게 증명할 수 있나? 신은 자신의 존재를 똑똑히 드러내 보이지 않는가?

A : 만물이 만들어진 그 자체가 사람들이 모르는 신에게 조성된 것은 분명 합니다. 그러나 만물의 영장이라고 일컫는 인간이 그 사실에 대하여 아는 바가 없다고 합니다. 대자연이 만물을 창조하시는 조물주라고 생각을 못하는 자들이 있다고 합니다. 왜냐하면 자신의 존재를 모르기 때문이라고 합니다. 그러므로 성경에 깨달으라는 말씀이 기록되어 있습니다.

사람을 창조한 신은 인간의 곁을 떠난 적이 없다고 하는데, 인간은 느끼지도 못하고 또는 보지도 못하고 평생을 살아간다고 합니다.

질문하시는 회장님의 옆에 당신을 창조하신 신이 계십니다. 그러나 당신은 인식하지 못하고 계십니다. 당신 옆에 계신 신으로 하여금 당신은 지금까지 살아오신 것입니다.

님의 신을 인식하지 못하시고 사업에만 몰두하시며 암울한 마음으로 살아오셨습니다.

사람을 조성하신 신은 각 사람들에게 자신을 똑똑히 드러내 보이고 있지만, 피조물인 인간이 자기 신을 인식하지 못하는 이유는 바로 스스로 왕이 되어있기 때문이라고 합니다. 그 의미를 성경적으로 타락이라고 합니다. (히 6:6)

왕은 주인이 없으므로 고난을 겪게 될 때 스스로 해결해야 한다고 합니다. 실제로 왕이라면 모르거니와 피조물이 왕이 되었다면 마지막 때에 큰 역경을 당해도 모면할 길이 없다고 합니다. 왜냐하면 빌 곳이 없기 때문이라고 합니다.

인간에게는 대자연이 신이요, 창조주요, 원인의 아버지가 됩니다. 그를 하나님이라고 성경에 기록이 되어있습니다. 그리고 그 하나님을 섬기는 규례가 성경에 기록이 되어있습니다.

인간은 대자연인 창조주의 피조물이라고 합니다. 그러므로 그를 경외해야 한다는 성경의 말씀입니다. 대자연을 두려워하지 않고 살아가는 사람을 성경에서 짐승이라고 기록이 되어 있습니다.

성경에 기록된 짐승들은 사람이 기르는 짐승들이 아니라고 합니다. 사람을 창조하여 세상에 태어나게 한 조물주의 그 공을 모르는 자들을 짐승이라고 일컬었다고 합니다.

자연은 신이요 또 사람을 만들어 내시고 가르치는 영적 선생님이라고 합이다. 피조물이 그 거룩한 공덕에 대한 무지로 하여 주어진 답이 지옥이라고 합니다. 성경적 지옥이라 함은 영원히 고통을 받는다는 의미입니다. 그 영원한 고통을 모면할 것인가? 아니면 그 고통을 이어받을 것인가 하는 질문이 예수 그리스도의 말씀이라고 합니다. 그러나 그 말씀을 올바로 이해하는 사람이 없다고 합니다.

Q : 신은 우주 만물의 창조주라는데 무엇으로 증명할 수 있는가?

A : 사람은 모든 생물보다 뛰어난 재주가 있고, 생각하는 지혜가 있다고 합니다. 어떤 자가 신이 우주 만물을 창조했다고 했는지는 모르지만, 그 말을 믿으면 무지한 사람이 됩니다. 왜냐하면 우주 그 자체가 자연이면서 어떤 종교적으로 신이기 때문입니다.

신이 우주를 창조한 것이 아닙니다. 성경에 '태초 하나님이 천지를 창조하시니라.'라고 기록이 된 말씀은 영적이기 때문에 인간적인 지식으로 알 수 있는 창조가 아닙니다.

하나님이신 천지가 인간이라는 존재를 만들 때 비유하여 천지창조라고 하신 말씀입니다. 인간들이 그 의미를 모르고 있는 것입니다.

그러므로 사람들이 그 기록된 말씀에 대해서 이해 부족으로 오해하는 경우가 많다고 봅니다. 성경의 말씀은 지식을 초월한 영적인 생명의 말씀입니다. 성경 말씀은 역사가 없습니다. 언제나 현재를 진행하는 말씀입니다. 그러나 기록한 역사는 있습니다.

창조주의 뜻을 이룬 자가 발생하며 그를 칭하여 천지창조라고 합니다. 하나님은 사람의 눈으로 볼 때 불투명하지만 생명을 창출하는 힘이 강합니다. 모든 사람은 창조주를 보고 있습니다. 확실하게 봅니다.

그러나 인식하지 못하고 인생을 살고 있는 것입니다.

성경에 보아도 보지 못하고 들어도 듣지 못한다고 기록이 되어있습니다. 바로 사람을 창조하신 그 분을 모든 사람이 보고는 있으나 모르기 때문에 지나쳐 버린다고 합니다.

Q : 생물학자들은 인간도 오랜 진화 과정의 산물이라고 하는데, 신의 인간 창조와 무엇이 다른가? 인간이나 생물도 진화의 산물 아닌가?

A : 학자들이라고 해서 자연의 모든 것을 아는 것은 아니라고 생각합니다. 생물들이 진화하며 모양이 조금씩 변해가는 것은 자연의 섭리라고 합니다. 그 과정을 발견했다고 해서 인간의 수명에 도움이 되지는 않습니다. 지구상의 모든 물체는 조금씩 변해가는 것은 진리입니다. 사람만 변해가는 것은 아니라고 봅니다.

사람이 할 수 없는 일을 실행하는 것은 신의 섭리라고들 합니다. 그러므로 사람도 신의 섭리로 조성된 것입니다. 성경에 기록된 창조라는 뜻을 올바로 이해하기가 어렵다고 합니다.

진화도 창조도 모두 신에 의해서 이루어지는 역사라고 합니다. 사람을 조성하신 신을 모든 사람이 보게 되어있다고 합니다.

그러나 보아도 인식을 못하기 때문에 보아도 보지 못한다고 합니다. 각기 자기를 만든 신을 깨닫지를 못하고 살다가 종식을 한다는 것입니다. 위대한 조물주의 뜻을 모르면 사람의 해박한 지식으로 연구하여 판단을 하게 된다고 합니다. 그러다가 목적 없이 인생을 종식하게 된다고 합니다.

Q : 언젠가 생명의 합성, 무병장수의 시대도 가능할 것인가? 이처럼 과학이 끝없이 발달하면 신의 존재도 부인되는 것이 아닌가?

A : 사람의 생각은 자신은 죽지 않고 오래도록 살기를 원합니다. 그러나 조물주의 뜻은 아닙니다.

과학 문명이 고도로 발전해 사람의 생명이 합성된다 해도 무병장수의 시대는 절대로 오지 않습니다. 과학 문명이 고도로 발전한다 해도 인간의 수명에는 영향을 주지 못합니다. 육체의 죽음은 그대로 이어집니다.

왜냐하면 영체가 아니고 만들어졌기 때문입니다. 다만 과학의 도움으로 옛적 조상님들보다는 조금 오래 살 수는 있다고 봅니다.

그러나 결국은 죽습니다. 창조주의 뜻입니다.

Q : 신은 인간을 사랑했다면, 왜 고통과 불행과 죽음을 주었는가?

A : 사람을 만들어 낸 조물주도 자기의 어떤 뜻이 있어서 인간을 만들어 세상에 태어나게 했다고 합니다.

성경이라는 책이 왜 인간 시대에 주어졌을까? 신의 세계를 모르면 바로 5번째 질문을 하시게 됩니다.

신의 세계에도 좌편과 우편이 존재한다고 기록이 되어있습니다. 우편은 공정한 창조주의 편에 해당이 되고, 좌편은 피조물들의 편에 해당이 된다고 합니다. 좌편에 해당하는 신과 우편에 해당하는 신이 존재한다는 것을 인간들이 아는 바가 없다고 봅니다. 좌편의 신을 사모하는 인간은 많은 편이라고 합니다.

그러나 우편의 신을 사모하는 인간은 아주 소수라고 합니다. 좌편신은 사람을 즐겁게 하는 기발한 재주와 또한 철학과 지식이 무기라고 합니다. 우편신은 사람에게 심어진 영혼의 길을 알려주는 선지자들이라고 합니다. 인간은 이 세상을 떠나면 성경에 기록한 바와 같이 지옥이라는 곳으로 돌아가기 때문에 될 수만 있으면 이 세상에서 오래도록 살기를 원한다고 합니다.

성경에 기록된 사랑이라는 문자는 사람들에게 좋은 문자가 되기 때문에 멋대로 아무 데나 갖다가 붙여 사용한다고 합니다.

성경에 기록된 사랑은 반드시 구별되어 있다고 합니다. 누구나 창조주의 사랑을 받는 것이 아니라고 합니다. 사랑받을 자가 따로 구별이 되어있기 때문이라고 합니다. 그 외의 인간은 모두 성경의 사랑과 관련이 없다고 합니다.

성경 말씀의 사랑과 사람들의 생각하는 사랑과 다르다는 것을 아는 사람은 별로 없다고 합니다.

성경의 사랑은 일반적으로 사람들에게 적용되는 사랑이 아니기 때문이라고 합니다. 성경적으로 사랑받을 대상은 따로 정해져 있다고 합니다.

즉, 창조주의 뜻을 찾아 지키는 자들만 성경적 사랑이 주어진다고 합니다. 그 외의 인간은 성경에 기록된 사랑과는 무관하다고 합니다. 왜냐하면 하나님의 뜻을 모르는 자는 성경적 사랑을 받지 못하고 하나님의 뜻을 알고 지키는 자는 성경적 사랑을 받게 됩니다.

사랑의 핵심은 하나님의 뜻을 깨닫고 지켰을 때 사랑을 받은 자라고 합니다. 사람들이 생각하는 일반적인 사랑이 아닙니다.

그러므로 종교 생활을 해서 진리를 깨달아 하늘나라 사람이 되어야 성경적 사랑을 받게 됩니다. 그러면 성경적 천국으로 돌아가게 됩니다.

그게 성경적 사랑의 답입니다.

Q : 신은 왜 악인을 만들었는가? (예: 히틀러나 스탈린 같은 흉악범들)

A : 6번 질문이 바로 사람들이 궁금해하며 살아가는 의문입니다.

창조주께서 악인을 만든 것이 아니라 착한 사람을 만들었는데 그 착한 자가 창조주의 법을 벗어나면 악한 자가 된다고 합니다.

그러므로 선한 방향으로 기우는 것이 아니라 더욱 악한 방향으로 기울게 된다고 합니다. 그 위법으로 말미암아 더욱 악해지게 되므로 독선주의적인 인생을 살아가게 된다고 합니다. 그들은 사람의 생명을 귀중히 여기지를 않는 성품이라고 합니다.

원문 성경: 헬라어로 ○○코라는 존재라고 합니다. 그들은 자기 이익을 위해서는 사람도 죽이고 전쟁도 일으키는 성품이라고 합니다. 신이 만든 것이 아닙니다. 본인의 욕심으로 만든 것입니다.

갓난아기가 태어날 때 악한 아기는 없다고 봅니다. 성장하면서 조물주의 법을 외면하면 그때부터 악한 사람이 되어 간다고 합니다. 창조주의 뜻을 외면하면 악인으로 변화하게 된다고 합니다. 속담에 바늘 도둑이 소도둑이 된다는 말이 있듯이 자신의 이익을 위해서 조금이라도 양심을 속이며 남을 해치는 행위를 한다면 그 잘못된 버릇이 점점 커져서 악한 자로 변하게 된다고 합니다.

Q : 예수는 우리의 죄를 대신 속죄하기 위해 죽었다는데, 우리의 죄란 무엇인가? 왜 우리로 하여금 죄를 짓게 내버려두었는가?

A : 예수라는 존재의 그 깊은 의미를 아는 자가 없다고 봅니다.

사람의 생각으로 또는 지식으로 성경의 말씀을 문자 그대로 이해하려고 하기 때문에 예수라는 존재의 희생이 엉뚱한 방향으로 흘러가고 있는 것입니다. 사람은 모두가 조물주에게 빚을 진 채무자라고 합니다. 그러나 그렇게 생각하고 살아가는 사람은 한 사람도 없다고 합니다.

그러므로 사람은 모두가 빚진 죄인이 되었다고 합니다.

창조주께 받은 빚은 세상에 태어날 때 영혼들이 입고 있는 몸이라고 합니다. 그 몸으로 인생을 살면서 창조주께 경배하며 천국을 이루어 지옥의 길을 벗어나면 그 몸을 제단이라고 칭합니다.

그 받은 몸은 즉 채무라고 합니다. 그 빚을 예수라는 사람이 나타나서 깨닫게 하여 갚는 방법을 자기 백성들에게 가르쳐 주고자 했는데 그들이 거부하며 영적으로 죽인 것입니다.

그 사건을 대속으로 기록했기 때문에 예수라는 사람이 모든 사람의 죄를 대신해서 갚아 주었다고 생각한다는 것입니다.

성경적 대속은 세상 대속과 전혀 다른 뜻이 담겨 있습니다. 그러나 사람들은 구별을 못한다고 합니다.

대속이라는 뜻을 설명하자면 많은 시간이 필요합니다. 예를 들자면 선생님이 학생들 보고 너희도 많이 배워서 선생님처럼 훌륭한 사람이 되어야 한다고 가르쳐 주는 것과 같이 예수라는 사람이 조물주의 뜻을 깨닫고 죄라는 빚을 갚는 방법을 제자들에게만 가르쳐 준 사건입니다. 그 가르침을 영적으로 대속이라고 합니다.

그와 같이 예수라는 사람이 자기의 백성들에게 빚 갚는 방법을 가르치려고 왔으나 자기 백성이 거부하며 예수의 그 가르침, 즉 그리스도를 십자가라는 나무에 못을 박아 죽인 영적 사건입니다.

모두 사람의 눈으로 볼 수 없는 영적 사건입니다. 육신적 사건이 아닙니다. 즉 하나님께 지은 빚을 못 갚겠다고 버티면서 빚 갚는 방법을 알려주는 예수를 죽인 것입니다. 그 내용은 세상일이 아니라 영적이기 때문에 신앙적 믿음으로 갚는 빚입니다. 물질로 갚는 빚이 아닙니다. 그래서 영적이라고 합니다. 그 영적 사건을 세상 사건으로 기록이 되어있기 때문에 아무나 이해하기가 어려운 이상세계 사건입니다.

우리의 죄란 무엇인가?: 사람이 자기를 스스로 만들어서 세상에 태어난 자는 없을 것입니다.

그렇다면 누구인지는 몰라도 그로 인해서 만들어져 태어나게 된 것만은 분명하다고 생각합니다. 육신의 부모는 모두가 아는 사실이지만, 그 원인의 부모는 묻혀 있습니다. 그 의문이 인간에게 주어진 화두라고 합니다. 그 화두를 해결 못하면 영원한 죄인이 된다고 합니다.

그 죄의 값은 고통받는 지옥이 답이라고 합니다.

성경의 뜻을 올바로 이해하는 사람은 별로 없다고 생각합니다. 성경의 기록된 모든 말씀은 사람들의 상식이나 지식이나 윤리·도덕이 아닙니다. 사람들에게 심어진 생명을 깨닫게 하기 위해 세상에서 인간들의 생활에 통용되는 언어를 비유로 사용하여 각자 본인의 생명을 깨닫게 하기위해 기록한 문자들입니다.

즉 비유로 기록된 말씀은 모든 사람에게 심어진 영원한 생명에 대한 가르침이라고 합니다. 육체로 살아가게 하는 그 생명을 셈하지 못하므로 죄인이라고 기록이 된 것입니다.

사람을 창조하신 지존님의 뜻을 아는 사람도 없고 알고자 찾는 자들도 없다고 합니다. 그러므로 빚을 갚지 않고 인생을 살고 있기 때문에 죄인이라고 합니다. 다른 것으로 죄인이라고 한 말씀이 아닙니다.

Q : 성경은 어떻게 만들어졌는가? 그것이 하나님의 말씀이라는 것을 어떻게 증명할 수 있나?

A : 성경이 만들어진 그 배경은 정말로 궁금한 관심사입니다.

사람이 이 세상에 태어나서 자유롭게 살아가는 사람도 있고, 어떤 취약한 나라에 태어나서 고통받으며 죽지 못해 살아가는 사람들도 있다고 봅니다. 모두 창조주의 공의라고 합니다. 문제는 사람이 만들어져 세상에 태어난 그 의미를 아는 사람이 없다고 합니다.

모든 사물은 절대적으로 주인이 존재한다고 합니다.

주인 없는 존재는 없다고 합니다.

피조물인 인간이 자기 주인을 모르고 살아간다고 합니다. 그러므로 피조물이 조물주 행세를 하며 인생을 살아가기 때문에 성경이 어떻게 만들어졌는지 아는 바가 없다고 합니다.

사람들의 생각과 그 마음이 모두 똑같가 않다는 것은 모두가 아는 사실이라고 생각합니다.

신의 나라에서도 반역자가 있다고 기록이 되어있습니다.

창조주께서 사람을 만들어 놓고 무관심 속에서 눈을 감고 계신 분으로 알면 오산이라고 생각합니다. 그는 불철주야 관찰을 하신다고 합니다.

창조주께서 만든 사람이라는 피조물들의 동태를 자세히 살펴려면 피조물 중에 특별히 착한 어떤 자를 선정하여 창조주의 뜻을 심어 세상에 보내어 그들로부터 원인이 되시는 창조주의 바람의 뜻을 지키는 자와 반역자의 거짓을 믿는 자들을 낱낱이 살펴 기록하여 피조물들에 어리석은 섬김을 깨닫고 정신을 차리게 하시려고 선별된 인간 선지자들에게 사명을 주어 인간의 그 삶을 살펴 기록하여 두 길로 나누게 하라는 심판의 문서가 성경이라고 합니다. 그러나 성경의 말씀들이 인간에 의해서 그 취지를 벗어나 다른 방향으로 흘러갔다고 합니다.

그러므로 성경을 보는 사람들이 그 말씀을 이해하지 못하고 각기 자기들 나름대로 해석하여 예배 의식을 행한다고 합니다.

앞에서도 언급한 바와 같이 공짜로 세상에 태어나게 한 인간이 아니라는 것을 알리기 위해서 성경이 만들어졌다고 합니다.

성경이 사람의 손으로 기록은 했지만, 사람의 상식이나 지식을 가르치기 위해서 기록된 말씀이 아니라 천지의 진리를 경영하시는 존엄께서 사림들이 통용하는 상식과 지식을 들어 비유로 창조주의 뜻을 알리려고 기록된 성경이라고 합니다.

왜냐하면 사람을 만들어 내신 조물주의 공이 피조물인 사람으로부터 경배로 올라와야 하는데 그 공이 다른 곳으로 갔다고 합니다.

즉, 우상이 받고 있다고 합니다. 그래도 깨닫지를 못하고 관행적으로 예배 의식을 실행하고 있다고 합니다.

성경 말씀은 이상세계의 말씀이기 때문에 창조주를 알고

진실한 심정으로 드리는 예배만 받으신다고 합니다.

창조주 지존님께서 사람을 만들어 내신 공을 받기 위해서 아울러 성경이 만들어졌다고 합니다.

회장님의 질문에 관해서 설명하는 필자는 일반사람들이 아직 모르고 있는 창조주의 바람을 알기 때문에 성경에 대한 설명을 하게 된 것입니다. 성경이 만들어진 이유를 이해가 한 줄로 봅니다.

Q : 종교란 무엇인가? 왜 인간에게 필요한가?

A : 종교의 취지는 바로 사람들의 생명이 되는 진리를 알게 하는 특이한 기관이라고 합니다. 즉, 사람을 만든 주인을 깨닫게 해주는 곳이 종교라고 생각합니다. 그러므로 종교 생활을 해야 자신을 알게 되고 또 나아가서 절대 주인의 뜻을 깨닫고 그로부터 명령받은 그 지시를 지키는 일이 종교 생활이라고 합니다. 그 생활을 올바로 행함으로써 조물주의 징계를 피하게 되고 조물주를 반역한 적신들의 지옥이라는 곳으로 끌려가지 않게 된다고 합니다. 그러므로 성경 말씀은 반드시 깨달아야 합니다. 문자는 모두 생명을 알리기 위한 비유의 말씀이라고 합니다. 사람은 그 비유를 풀어 진실을 발견하고 그 길을 가야 합니다.

Q : 영혼이란 무엇인가?

A : 회장님은 본인 안에서 살아온 인생이라고 볼 수가 없

습니다. 본인 밖에서 살아오신 분이십니다. 그러므로 영혼에 대한 답은 본인이 자기 안으로 돌아오게 되면 알게 됩니다.

자기 밖에서 자기 안으로 돌아올 시기가 이미 지나가 버렸다고 봅니다. 그러므로 자신의 생명이 되는 영혼을 잃어버리신 것입니다.

그 잃어버린 영혼을 가져가는 존재가 있습니다.

그게 바로 성경에 기록된 무저갱, 즉 지옥의 왕이라고 합니다. 사람들이 자기 영혼을 잃어버려도 감각을 느끼지 못한다고 합니다.

모든 생명은 보편적으로 사람들의 눈으로 본다고 합니다. 그러나 모른다고 합니다. 즉, 영적으로 깨달은 사람들만 알게 되는 생명이라고 합니다. 본인의 생명을 잃어버리게 되면 마음이 암울하여 방향을 잃어버리게 됩니다. 그래서 낙원에 들지 못하고 지옥의 백성이 되는 것입니다.

영적으로 잃어버린 영혼은 절대로 천국으로 돌아갈 수가 없습니다.

성경에 보화를 땅에 쌓아 두지 말고 하늘에 쌓아 두라고 기록이 되어있습니다. 성경적 보화는 사람들의 생명입니다.

그 생명으로 하여금 세상을 믿지 말고 하늘을 믿으라는 말씀입니다.

그러나 성경적 하늘을 아는 자가 별로 없다고 합니다. 오직 저 높고 푸르게 보이는 하늘로 알고 있다고 합니다.

그러므로 자기 생명인 보화를 하늘에 쌓아 두지 못하고 잃어버려도 절대로 느끼지 못하고 살다가 불행한 곳으로 돌아가게 된다고 합니다. 성경 말씀입니다.

Q : 종교의 종류와 특징은 무엇인가?

A : 종교 종류의 특징은 진리를 깨닫게 해주는 특별한 기관이라고 봅니다. 그러나 종류가 많다는 것은 올바르지 못하기 때문입니다.

올바른 종교는 단 하나밖에는 없습니다. 영적으로 본다면 '하지 마라'와 '하라'가 종교의 핵심이라고 생각합니다. 단 두 말씀 외에는 없다고 봅니다. 그런데 비 정도로 진행하는 종교는 헤아릴 수 없이 많다고 봅니다. 그러므로 사람들의 마음이 이리저리 흔들리며 중심을 잃게 되는 것입니다.

그리고 결과 없는 신앙생활로 끝을 맺는 자들이 많다고 봅니다.

Q : 천주교를 믿지 않고는 천국에 갈 수 없는가? 무종교인, 무신론자, 타 종교인 중에도 착한 사람이 많은데 이들은 죽어서 어디로 가는가?

A : 누가 천주교를 믿지 않으면 천국에 갈 수 없다고 했는지는 몰라도 잘못된 소문입니다. 천주교든 타 종교든 또는 무신론자든 자신을 만든 조물주의 뜻을 모르면 모두 지옥으로 가게 되어있습니다.

단, 종교인이든 무신론자든 자신을 만든 조물주를 발견하고 그의 바람을 지키면 영락없이 천국으로 직행 하게 됩니다. 성경적입니다.

인간적으로 착하다고 해서 조물주의 천국으로 가는 것이 아닙니다. 인간적으로 착한 것은 인간에게 도움을 주는 봉사 기 때문에 창조주의 뜻과는 구별이 되어있습니다.

하나님께서 받으시는 착함은 따로 있습니다. 창조주의 바람 은 인간적으로 착한 일을 하는 것과 같이 창조주에게도 착한 일을 해야 그 착함의 성과가 발생하게 됩니다. 창조주께 대한 착함이 없으면 그 착함도 모두 무효가 됩니다.

조물주의 뜻을 지키는 일은 따로 있습니다. 그러므로 인간 적인 착함과 창조주의 천국과는 별개입니다.

그러나 인간적으로 착하고 신앙적으로 양심이 바른 자는 창조주의 부르심을 받게 될 수도 있다고 봅니다.

영적으로 그들을 의인이라고 비유합니다. 그러나 창조주의 부름을 받지 못하면 그 의도 모두 무효 처리됩니다. 인간적으 로 착하게 살아온 사람도 창조주의 바람을 깨닫지 못하면 일 반인과 같이 성경적 지옥으로 돌아갑니다. 성경에 일점일획이 라는 말씀이 기록되어 있습니다.

인간적으로 착하게 살아가는 사람은 그 착함을 바탕으로 속히 창조주의 뜻을 찾아 이루어야 그 착함이 성취됩니다.

성경적으로 창조주의 뜻을 찾지 못하면 그 착함도 무효 처 리됩니다. 그 착함이 무효가 되지 않도록 저력이 있을 때 창 조주의 뜻을 부지런히 찾아야 합니다. 저력이 퇴보되면 모든 것이 끝이 나고 고통으로 마무리를 짓게 됩니다. 창조주의 뜻을 모르면 아무리 착해도 천국이라는 곳과는 아무런 관련이 없습니다.

영적으로 좌편 공덕이기 때문입니다. 우편 공덕으로 가야 합니다. 영적으로 우편 공덕을 쌓아야 창조주의 은혜를 받게 됩니다. 그러나 우편 공덕에 대한 뜻을 아는 사람이 별로 없다고 합니다.

그러므로 많은 사람들이 좌편 공을 쌓으며 살다가 천국으로 돌아가지 못하고 지옥으로 돌아가게 된다고 성경에 기록이 되어있습니다.

세상에 태어난 사람들은 모두 전생에서 천국에 못 들어간 자들과 지옥에서 고통받은 영혼들이 조물주의 자비로 다시금 진리에 대한 깨달음을 받고 천국으로 돌아가게 하기 위한 찬스로 주신 복이 세상에 태어남이라고 합니다. 그러므로 길지 못한 인생살이가 참으로 중요한 시간입니다. 왜냐하면 현실의 삶에 주어진 정도의 기회를 놓치게 되면 또다시 지옥이라는 곳으로 돌아가기 때문이라고 합니다.

성경에 기록된 말씀입니다.

Q : 종교의 목적은 모두 착하게 사는 것인데, 천주교만 제일이고 다른 종교는 이단시하나?

A : 종교의 목적은 모두 착하게 사는 일이라고 말씀하셨는데 그 착함도 구별이 되어있습니다.

천주교인만 제일이고 다른 종교는 이단시하나?: 참 좋은 질문이 십니다. 실제로 천주교가 다른 종교를 이단시한다면 크게 잘못된 인식입니다. 천주교가 창조주의 뜻을 행하는 교단이라면 이단이라는 말을 할 수가 없습니다. 왜냐하면 이단을 친구로 삼아 구원해야 할 의무가 있기 때문입니다.

만일에 천주교가 다른 종교를 이단시한다면 천주교 자체도 이단이 되는 것입니다. 왜냐하면 창조주의 바람을 모르는 종교기 때문입니다.

종교적 또는 성경적 착하게 사는 것은 좋으나 그 착함이 창조주의 뜻을 행하는 행위라면 그 착함의 덕을 보게 되고, 그 착함이 세상으로 향하는 행위라면 성경적 천국과는 무관합니다.

그러므로 우선은 그 착함도 구별할 줄 아는 것이 중요하다고 봅니다. 착하다고 해서 모두 천국으로 가는 것이 아닙니다. 구별이 되어있습니다.

Q : 인간이 죽은 후에 영혼은 죽지 않고, 천국이나 지옥으로 간다는 것을 어떻게 믿을 수 있나?

A : 죽음이라는 뜻을 사람들이 모르고 있습니다.

사람의 몸은 태어날 때부터 죽음이라는 적신과 동행하고 있다는 것을 모두가 아는 사실입니다. 그러므로 육신의 죽음은 죽음이 아니라 당연한 창조주의 법칙입니다.

그 법칙을 모르기 때문에 깨닫기 위해서 종교 생활을 하는 것입니다.

성경의 말씀을 깨닫게 되면 육신의 실상과 그 육신 안에 심어진 영혼이라는 실체를 자세히 알게 됩니다.

지옥으로 간다는 것을 어떻게 믿느냐? 그 질문은 중요한 부분입니다.

종교 생활로 자신을 발견하지 못한 사람과 무신론자들의 궁금한 점이 바로 지옥이라는 곳과 천국이라는 곳입니다.

그 지옥과 천국은 살아생전에 정도의 믿음으로 정해집니다.

즉 창조주의 뜻을 깨닫고 지키는 자는 천국을 보게 되므로 누구에게 물어볼 필요도 없고, 종교 생활을 했어도 창조주의 바람을 이루지 못한 신자는 보나 마나 지옥으로 돌아가게 됩니다.

어떻게 믿을 수 있느냐? 이 질문을 하신 분이 조물주의 뜻을 깨닫고 지켰다면 이 질문은 할 필요가 없습니다. 왜냐하면 지옥과 천국을 보기 때문입니다. 믿을 수 있도록 가르쳐 주는 분이 먼저는 예수 그리스도요, 다음은 사도요, 다음은 오늘날 성경 말씀을 영적으로 깨닫고 전하는 자의 말씀이 구원의 말씀이 됩니다.

성경 말씀은 육신에 대한 구원의 말씀이 아니라 육신 안에 심어진 영혼이라는 무색의 생명을 구원하는 말씀입니다.

그 내력을 알고 예수를 믿는 사람은 지극히 귀하다고 봅니다.

Q : 신앙이 없어도 부귀를 누리고, 악인 중에도 부귀와 안

락을 누리는 사람이 많은데, 신의 교훈은 무엇인가?

　A : 신앙생활과 세상의 부귀나 빈곤과는 별개입니다.

　신앙생활의 본질을 모르기 때문에 궁금한 점이 많으신 것 같습니다.

　이 세상에 태어난 사람은 모두가 먹고 살아갈 수가 있도록 만들어졌습니다. 그러므로 부지런히 노력하는 성품은 잘살 수가 있고, 적당히 살아가는 사람은 그 분량대로 살아가게 됩니다.

　신앙생활에 결부시킬 문제가 아닙니다.

　신의 교훈은 원인 되시는 부모를 찾아서 공경하라는 말씀입니다.

　그러나 원인 되시는 부모를 찾는 자가 없다고 합니다.

　사람이 잘살고 못사는 그 생활과 신앙생활과는 별개라고 합니다.

　그러나 어떤 사람이 누구누구를 믿으면 구원도 받고 병도 낫고 잘살게 된다고 소문을 퍼뜨리는 자들도 있다고 봅니다. 가식입니다.

　그런 말은 할 수는 있지만 사람에게 주어진 운명은 변하지 않습니다.

　Q : 성경에 부자가 천국에 가는 것을 낙타가 바늘구멍에 들어가는 것에 비유했는데, 부자는 악인이란 말인가?

　A : 참 재미있는 질문을 하셨습니다.

성경의 모든 말씀이 비유라는 것을 모르는 사람은 없을 것입니다. 성경적 부자는 세상 재산이 많은 사람을 일컬어 한 말씀이 아닙니다.

성경적 부자란 머릿속에 많은 지식과 번뇌가 꽉 차 있는 사람과 또는 비정도의 종교에 맹신하는 자들을 비유로 부자라고 기록된 말씀입니다. 그들은 누구의 말이든지 절대로 수용하지 않고 굽히지 않는 성품입니다. 영적으로 그런 자들을 부자라고 칭한 말씀입니다.

물질 부자가 아닙니다. 그 사람들은 스스로 왕이 되어있기 때문에 타인의 의견은 절대로 수용하지 않습니다. 그러므로 바늘귀라고 비유한 천국 말씀을 받아들이지 않고 거부하는 자를 부자라고 합니다.

그러나 약대라는 동물은 주인에게 무릎을 꿇은 동물입니다.

그와 같이 부자는 자기 지식이 많기 때문에 조물주의 천국 말씀에 절대로 무릎을 꿇고 깨달으려고 노력하지 않는 고집이 있다고 합니다. 그런 성품이 심어진 자는 성경적 천국과는 절개로 무관합니다.

그러한 성품은 성경적 천국과는 관련이 전혀 없는 존재들이라고 합니다. 어떤 종교인들도 마찬가지라고 합니다. 그들은 영적으로 부자들이라고 합니다. 재산이 많다고 해서 죄인이 되고 천국에 못 들어간다는 말씀이 아닙니다. 부자든 빈곤한 자든 창조주의 뜻을 알고 행하며 지키면 천국을 보고 들어가게 됩니다.

어떤 종교에 매인 자들이나 지식이 많은 사람들은 창조주의 말씀을 자기네들이 아는 지식으로 판단하기 때문에 정도의 말씀이라고 해도 절대로 무릎을 꿇지 않으므로 성경적 천국과는 무관하다는 말씀입니다.

그들의 귀에는 하나님의 말씀이 들어갈 수가 없다고 합니다. 자기들의 지식과 철학으로 무시해 버리기 때문이라고 합니다.

원문: 히브리 성경에 바라크라는 문자가 있는데 그 뜻은 복을 준다는 뜻입니다. 그리고 왕이 된다는 뜻도 있고 무릎을 꿇은 뜻도 있습니다.

즉, 왕 노릇을 하다가 지옥으로 갈 것인가? 아니면 하나님께 무릎을 꿇고 복을 받아 천국에 들어갈 것인가? 영적으로 묻는 말씀이라고 합니다. 그 복이라는 말씀은 영적으로 인간들에게 처음 주어진 핵심적인 창조주의 영적 자비라고 합니다.

세상에 태어나 부자로 잘살고 건강하게 오래도록 살아가는 복이 아닙니다. 구원의 복입니다. 상식이 있는 사람은 모두 아는 사실이라고 생각합니다.

돈이 많다고 해서 죽지 않고 오래도록 사는 것도 아니고, 빈곤하다고 빨리 죽는 것도 아닙니다. 올바른 신앙생활과 세상 재물이나 지식과는 별개입니다. 머리에 지식과 번뇌가 꽉 차 있고 또 어떤 의식에 매여 맹신하는 자들을 영적으로 부자들이라고 합니다.

물질적인 부자들이 아닙니다. 그들의 아집은 이길 장사가 없다고 합니다. 하나님도 넘어뜨린다고 합니다. 성경에 기록이 되어있습니다.

Q : 이태리 같은 나라는 국민의 99%가 천주교도인데, 사회 혼란과 범죄가 왜 그리 많으며 세계의 모범국이 되지 못하는가?

A : 이태리 나라뿐만 아니라 창조주의 정도가 아니면 그 종교는 그 효력을 발휘할 수가 없습니다. 천주교인이라고 해서 조물주의 뜻을 알고 신앙생활 한다고 볼 수가 없습니다. 창조주의 뜻을 모르고 전하는 설교는 그 효력이 발생하지 않고 되레 역반응이 발생하게 됩니다.

천주교인 중에서도 혹시 창조주의 뜻을 발견하고 지키는 신자가 있을지는 몰라도 믿음의 대상과 그 신자들의 믿음과 짝이 아니라면 정신적인 질서가 혼란스럽게 됩니다.

그러므로 창조주께서 하지 말라고 한 그 의문들이 사람의 마음에 심어져 어길 경우 질서를 잃고 방황하게 됩니다. 그러므로 사회 혼란이 야기 되는 것입니다. 종교의 가르침을 받아서 지키는 정도가 미약하기 때문에 사회적으로 혼란이 발생하게 됩니다. 그리고 개인적으로 안정감을 잃기 때문에 방황하게 되는 것입니다.

이유는 하나님 정도의 말씀이 없기 때문입니다.

말씀이 있다고 해도 지키지 않는다면 그 또한 무질서하게 됩니다.

Q : 신앙인은 때로는 광인처럼 되는데, 공산주의와 비교하는 것과 어떻게 다른가?

A : 신앙인이 광인처럼 보이는 것은 사람들이 느끼지 못하고 있는 성경적으로 좌편 계명성이라는 적신들이 사람들의 심리를 흔들기 때문입니다. 그 계명성이라는 영이 심어진 자들은 사람을 홀리는데 재주가 능숙한 수단가들이라고 합니다. 영적으로 본다면 갈 곳이 없는 객귀들이라고 한다. 그들은 자기의 수단으로 한때를 잘살아보려고 꾀를 쓰는 욕망의 영들이라고 합니다. 즉 질서가 없고 양심도 속이는 자들이라고 합니다. 그들의 의식은 정도의 신앙이 아니기 때문에 조심해야 합니다.

성경에 기록된 계명성의 소속이 된 일부가 공산주의자로 이 세상에 자리 잡고 있습니다. 그러나 사람들은 그 의미를 전혀 모르고 서로 대립하며 살아가게 된다고 합니다. 민주주의 국가에 태어난 계명성의 영들은 할 수만 있다면 사람의 허약한 심리를 이용하여 자기들의 목적을 이루려고 가진 수단을 부린다고 합니다. 그러므로 마음이 허약한 사람들이 많이들 속아 피해를 보게 되지만 절대로 느끼지 못하고 끌려들어간다고 합니다.

그들의 일부가 사람들이 아주 높이 우러러보는 이름을 갖고 사람들이 바라는 소유욕을 이용하여 복을 빌어주며 이익을 취하기 때문에 속아도 속는 줄 모르고 말려들다가 쫄딱 망한다고 합니다.

그들은 이 세상을 다 살고 그 영혼이 떠날 때 말할 수 없는 고약한 오지로 직진하는 영들이라고 합니다. 성경에 모두 기록이 되어있습니다. 그들은 될 수만 있으면 죽지 않고 오래도록 살려고 안간힘을 쓴다고 합니다. 인생들에게 죽음은 우연이 아니라 필연이라고 합니다.

그러므로 이왕이면 깨달아 지옥을 피하고 천국으로 가야 한다는 성경 말씀입니다.

Q : 천주교와 공산주의는 상극이라고 하는데, 천주교도가 많은 나라들이 왜 공산국이 되었는가?

A : 성경에 계명성이라는 적신이 있는데, 그 적신도 인간이 좋아하는 종교를 가지고 있다고 합니다.

그 적신은 인간의 허약한 심리를 이용하여 자기들의 세력을 확장 시키는 일을 할 때는 반드시 종교라는 간판을 만들어서 유혹하게 된다고 합니다. 이 질문을 하시는 분께서는 천주교라는 종교를 좋게 보셨는데 실상은 좋지 않게 보인다는 말씀인 것 같습니다.

이 땅의 종교는 일부가 계명성 편에 편입되어 있다고 봐야 합니다.

그러므로 경전에 기록된 낙원과 천국이라고 하는 곳과는 관련이 없는 종교가 많습니다.

Q : 우리나라는 두 집 건너 교회가 있고, 신자도 많은데

사회 범죄와 시련이 왜 그리 많은가?

A : 질문하시는 분을 존경합니다. 보시다시피 아시다시피 정도의 종교는 인간들에게 하나밖에 없습니다.

그러나 그 종교를 믿으려면 너무나 멀기 때문에 나라마다 또는 지역마다 교단이 많이 발생하게 된 것입니다.

종교 자체의 이름은 좋으나 좋은 만큼 믿는 신도들의 마음도 정도의 말씀으로 변해야 하는데, 변하지 못하기 때문에 범죄가 발생하고 시련이 많은 것입니다. 그러므로 종교 지도자가 전하는 말씀이 중요하다고 생각합니다.

그 책임이 있기 때문입니다.

만일에 두 집 건너 있는 교회들이 창조주의 정도를 행하는 교회라면 그 사회는 복이 넘쳐나 세계에서 가장 위대한 국민이 될 것입니다.

그렇지 못하면 정신적으로 또는 물질적으로 덕을 보지 못하므로 빈곤하게 되면서 우왕좌왕하게 되는 것입니다.

사람들에게 주어진 진실한 종교를 아는 사람은 별로 없다고 봅니다. 대부분 진실한 정도를 벗어난 다른 신앙생활을 하고 있다고 봅니다. 그러나 당사자들은 절대로 인식을 못한다고 합니다.

Q : 로마 교황의 결정에 잘못이 없다는데, 그도 사람인데 어떻게 그런 독선이 가능한가?

A : 교황도 사람의 관례로 세워진 지도자입니다. 신이 세

운 지도자가 아닙니다. 그 종교 내에서 종교법을 가장 성실하게 지킨 사람을 뽑아 최고의 높은 교황 자리에 앉혔다고 생각합니다.

그러나 그도 피조물인 관계로 조물주의 뜻을 잘 지켰다면 선지자가 되고 그렇지 못하면 사치에 불과합니다. 우리도 창조주의 뜻을 알고 지키면 선지자가 됩니다. 교황만 선지자가 되는 것은 아닙니다.

우리도 창조주의 뜻을 알고 지키면 세상에서는 대접을 받지 못하지만, 창조주께 지극한 사랑을 받게 됩니다. 창조주의 사랑은 세상에 어느 것에도 비길 데가 없습니다. 필자도 그 사랑을 받아보았기 때문에 이 말을 할 수가 있습니다.

교황이라는 사람은 세상 사람들로부터 추앙을 받기는 하지만 조물주의 사랑과는 별개입니다. 모든 사람이 자기를 만든 창조주의 뜻을 깨닫고 지키면 선지자가 됩니다.

다만 교황도 교리의 관례를 따라 사람들이 추앙하게 되는 지도자이지 조물주께서 인정하는 인물은 아니라고 봅니다.

사람들이 그를 너무 격상시켜 놓고 바라보기 때문에 다음 시대로 돌아가면 그 추앙이 모두 무효가 됩니다. 그다음 시대는 비밀이 됩니다.

교황이 세계에 전하는 말씀은 평화입니다. 교황이 전하는 그 평화가 하나님의 뜻이라면 세계는 평화를 이루게 됩니다.

그 평화가 하나님 뜻이 아니라면 그 평화는 바람 소리에 불과합니다. 종교적으로 세계의 흐름을 보면 대략 사람을 위해서 만든 의식을 행하고 있는 것입니다. 창조주의 뜻은 보이지 않습니다. 지존의 뜻은 사람의 욕망으로 하여금 깊이 묻혀 버렸다고 봅니다.

Q : 신부와 수녀는 어떤 사람인가? 왜 독신인가?

A : 결혼을 하고 또는 하지 않는 것은 본인의 자유라고 봅니다. 다만 종교적으로 본다면 선지자들이 대부분 독신이 많습니다.

아울러 예수를 낳은 사람이 처녀라고 하는데 그 여자가 시집을 가지 않고 처녀의 몸으로 예수를 낳다고 기록이 되어있기 때문에 아마도 그 사건을 모방하여 결혼하지 않고 처녀로 일생을 살지 않는지 하는 생각을 해봅니다. 그 내력은 필자로서는 자유라고 생각합니다.

왜냐하면 정도에 비추어보면 특별히 무엇이든 정하지 말라고 되어있습니다. 다만 조물주의 법만 올바로 알고 지킨다면 더 바랄 것이 없는 삶이 됩니다.

그렇다고 해서 부자로 잘살고 건강하게 오래도록 사는 것은 아닙니다.

육신의 죽음은 평등합니다. 다만 각기 소망이 다르고 저승길이 다를 뿐입니다. 너를 위하여 만들지도 말고 절하지도 말라고 하는 말씀이 기록되어 있습니다. 개인의 어떤 유익을 위해서 행하는 의식이라면 삼가야 합니다. 결혼하지 않고 독신으로 신앙생활을 한다고 해서 천국으로 가는 것은 절대로 아님니다.

다만 창조주의 바람을 깨닫고 지키는 일이 중요합니다.

Q : 천주교의 어떤 단체는 기업주를 착취자로, 근로자를 착취당하는 자로 단정, 기업의 분열과 파괴를 조장하는데 자본주의 체제와 미덕을 부인하는 것인가?

A : 천주교뿐만 아니라 각 종교와 노동자 단체에 계명성의 성품이 심어진 인간들이 더러 있습니다.

그들은 속된 말로 사촌이 잘되는 것을 배 아파하는 영들입니다.

그들은 할 수만 있다면 꾀를 써서 자기들의 이익을 위해 상대를 파괴하려는 성품을 갖고 있습니다. 조심해야 합니다.

그들로 말미암아 나라의 발전이 저해되고 기업인들이 고생하게 됩니다. 그들의 영혼은 창조주로부터 외면을 당한 영혼들이기 때문에 있을 곳이 없어 막가는 길을 좋아하는 영들입니다. 그들은 버려진 영혼들이라고 합니다. 그들이 회개한다면 좋은 천사가 될 수도 있다고 봅니다.

그러나 회개하기가 어려운 성품을 갖고 있다고 합니다.

그들의 영이 하나님의 보좌를 탈취하려다 쫓겨난 비상식적인 영들이라고 합니다. 그러나 그들도 사람이기 때문에 구별하기가 어렵다고 합니다.

하늘나라에도 좌편 영과 우편 영으로 구성되었다고 합니다. 성경에 기록이 되어있습니다.

Q : 지구의 종말은 오는가?

A : 성경에 종말이라는 문자가 기록되어 있습니다.

원문: 헬라어 성경에 시작이라는 뜻과 보낸다는 뜻입니다.

인간이 사는 이 세상의 종말이 아닙니다.

성경에 기록된 마지막 날이라는 뜻은 세상 종말의 뜻이 아닙니다. 각기 조물주의 뜻을 깨달으면 영적으로 마지막 종말이 됩니다.

이 세상 종말은 없습니다.

하나님의 바람을 깨달은 말씀을 종말이라고 합니다.

어떤 자가 엉뚱하게 성경 말씀을 해석하여 지구의 종말이 온다고 소문을 퍼뜨려 한동안 그 소문을 믿는 사람들이 있었던 것으로 알고 있습니다. 그 영혼들이 바로 원문 성경 헬라어로 〇〇코라는 자들입니다.

그들을 절대로 믿지 말고 속지 말아야 합니다.

만일에 질문하신 분의 영혼이 저승에서 이승으로 내려와 이 글을 살펴보신다면 회개하시고 천국으로 직행하게 될 것입니다.

위대하신 창조주님은 지금도 피조물들의 삶을 낱낱이 살펴보고 계십니다.

회장님의 질문에 부족하나마 답을 말씀드렸습니다.

감사합니다. 끝.

필자 가브엘 김세창

가브엘 김세창 씀

엘사벳 임남호 씀

휴대폰 010-6293-4750

010-5615-2604

도(道)로 번뇌를 씻다

펴 낸 날 2026년 2월 13일

지 은 이 김세창, 임남호
펴 낸 이 이기성
기획편집 권희연, 최인용, 이서은
표지디자인 권희연
책임마케팅 이수영, 김정훈
펴 낸 곳 도서출판 생각나눔
출판등록 제 2018-000288호
주   소 경기도 고양시 덕양구 청초로 66, 덕은리버워크 B동 1708, 1709호
전   화 02-325-5100
팩   스 02-325-5101
이 메 일 bookmain@think-book.com

• 책값은 표지 뒷면에 표기되어 있습니다.
  ISBN   979-11-7048-980-1(03230)